# 历史的遗憾

姜半夏

编著

🌀 中国纺织出版社有限公司

#### 图书在版编目(CIP)数据

历史的遗憾 / 姜半夏编著. -- 北京：中国纺织出版社有限公司，2024.9. -- ISBN 978-7-5229-2001-6

Ⅰ. I247.81

中国国家版本馆 CIP 数据核字第 20243M5Z44 号

责任编辑：邢雅鑫　　责任校对：高　涵　　责任印制：储志伟

中国纺织出版社有限公司出版发行
地址：北京市朝阳区百子湾东里A407号楼　邮政编码：100124
销售电话：010—67004422　传真：010—87155801
http://www.c-textilep.com
中国纺织出版社天猫旗舰店
官方微博 http://weibo.com/2119887771
鸿鹄（唐山）印务有限公司印刷　各地新华书店经销
2024年9月第1版第1次印刷
开本：880×1230　1/32　印张：7
字数：128千字　定价：59.80元

凡购本书，如有缺页、倒页、脱页，由本社图书营销中心调换

# 目录

## 第一章 生不逢时的智者
孔子 / 时代的局限和哲学的传承 | 2
韩非 / 法家思想的典范与命运的无常 | 25

## 第二章 战争中的悲剧英雄
白起 / 不败将军的悲惨命运 | 36
霍去病 / 英勇少年的英年早逝 | 43

## 第三章 王朝波折中的身不由己
秦始皇 / 二世而亡的短暂辉煌 | 56
苏武 / 忠诚与坚忍的化身 | 79

## 第四章 美丽与忠诚的牺牲
王昭君 / 离别长安的凄美传说 | 88
文成公主 / 遥远高原上的悲情 | 93

## 第五章　三国时期的悲欢离合

曹操 / 赤壁之战与梦想的破灭　　　| 100
诸葛亮 / 五丈原上理想的消散　　　| 112
关羽 / 麦城沉重的傲骨　　　　　　| 124

## 第六章　皇位与英雄的悲剧

苻坚 / 品行与皇位之间的困境　　　| 140
李存勖 / 英勇与权谋的对决　　　　| 157

## 第七章　爱国与悲情的诗人

岳飞 / 风波亭上的忠诚与无奈　　　| 166
辛弃疾 / 英勇豪放的诗人的命运　　| 183

## 第八章　名相与命运的无常

于谦 / 拯救国家的忠诚与命运的讽刺　　| 190
张居正 / 治国有道的智者与个人命运的无奈　| 205

# 第一章　生不逢时的智者

# 孔子 / 时代的局限和哲学的传承

"你看那人,好像一条丧家狗[①]啊。"郑国东门外,落魄的孔子因和弟子们走失,在那儿枯守着;同时枯守着的,还有他内心的抱负。

相传,孔子的祖上是殷商王室的后裔,先祖中比较有名的就是商朝的开国君主商汤了。后来周灭掉了商纣王,但并没有对纣王的亲戚们赶尽杀绝,而是给了他们一块封地,在那儿建立了宋国。后来又因为战乱,他们逃到了鲁国,孔子就出生在鲁国昌平乡的陬邑。

孔子的父亲叔梁纥,他的正妻生了九个孩子,都是女儿,没有一个是男孩,而他的小妾为他生了一个儿子,名为孟皮,却天生患有足疾,让叔梁纥很不满意。于是他就请求颜氏将他

---

[①] 见《史记·孔子世家》。

三个女儿中的其中一个给他作为小妾，希望能生下一个儿子。而颜氏的三个女儿中，只有小女儿颜徵在愿意嫁给他。当时颜徵在还不满二十岁，而叔梁纥已经有六十六岁了，两人要是结婚的话于礼数上过不去，于是两人就在尼丘山（今尼山）居住并生下了孔子。取名为丘，字仲尼，孔为其氏。

　　父亲叔梁纥在孔子三岁前就死了，母亲颜徵在当时只有二十多岁，被叔梁纥正妻施氏赶出了家门，在穷困中艰难地把孔子抚养长大，但是由于常年操劳，母亲在孔子十六岁时也去世了。孔母颜徵在虽出身于贫家，但她却是一个颇有傲骨的女性。她没有把孔子生父是叔梁纥这一身世告诉孔子。起先，颜氏去世后被作为一个穷妇草率地埋葬于陬邑附近的"无父（夫）之衢"。但是，一个与颜氏为邻的挽车夫的母亲向孔子透露了关于其生父及显赫家世的背景，并告诉他孔父及孔氏家族的墓地在"防山"。知道这个消息后，正值血气方刚之年的孔子做出了一件极其勇敢的事情。他不仅到防山找到了父亲家族的墓地，而且公然向世俗和叔梁纥的遗族挑战——他掘开了父亲的坟墓，将自己那位身世微贱的母亲与贵族父亲的遗骨合葬在了一起。

　　家境贫寒的孔子，从小就去各个地方打杂，接触到了许多贫贱的劳动人民，也学到了许多知识。不管多卑贱的工作，孔子都努力把事情做好，他曾经做过鲁国贵族季氏手下的官吏，管理统计准确无误；还曾做过牧养牲畜的小吏，使牲畜繁殖增多。孔子身高九尺六寸，人们都称他为"长人"，觉得他与一般人不一样。虽然生活贫苦，孔子十五岁即"志于学"。他善于取法他人，曾说："三人行，必有我师焉。择其善者而从之，其不善者而改之。"他学无常师，好学不厌，乡人都赞他"博学"。

很多年后，当孔子徘徊于各国的门外，却始终找不到归宿的时候，不知道会不会想到跟老子会面的那一天。两位伟大思想家的相见，如两道江河的汇聚，给后世留下了一段佳话。

那是公元前538年的一天，孔子对弟子南宫敬叔说："周之守藏室史老聃，博古通今，知礼乐之源，明道德之要。今吾欲去周求教，汝愿同去否？"南宫敬叔欣然同意，随即报请鲁君。鲁君准行。遣一车二马一童一御，由南宫敬叔陪孔子前往。老子见孔子千里迢迢而来，非常高兴，对孔子说："孔丘啊，当今之世王纲失序，礼乐纷乱，你还要推行礼乐仁义吗？"孔子道："丘惭愧，一无所成。"老子说："那就索性放弃吧，名爵者，公器也，不可久居。"孔子道："可丘毕竟不能像葫芦一样挂在门楣上无用于世。"老子说："无用，安知不是大用，弱则生，柔则存，天下莫柔弱于水，而攻坚强者莫之能胜，上善若水啊。"孔子道："先生微言大义，吾道一以贯之，先生的道是大道无形，不限于世间万物，而我的道则只在人间。"老子说："那就不要在意天下的误解了，富人赠人以金，我没有金子，就送你这几句话吧。聪明深察却经常受到死亡威胁的人，是因为他喜欢议论别人；博学善辩、见多识广，却常困于危境的人，是因为他喜欢揭发别人的罪恶。做子女的应该忘掉自己而常常心想父母,做臣下的就应该忘掉自己而心存君主。"孔子顿首道:"弟子一定谨记在心!"回到鲁国之后,跟从他学习的弟子也慢慢多起来了。孔子还提出了"有教无类"的理念,这在当时是一个创举。因为在那时,只有贵族的孩子才可以上学,普通孩子因为出身的缘故,是没有资格接受教育的。

孔子三十五岁那年,鲁国发生了内乱,孔子逃到了齐国,当了齐国大夫高昭子的家臣,打算以此来与齐景公交往。齐景公经常向孔子请教如何为政,他非常欣赏孔子的才识,打算将尼溪的封地赐给孔子。晏婴向齐景公进谏说,孔子的礼仪之学太过烦琐,不适合用来引导国民,齐景公便打消了这个念头。此后齐景公虽然还是恭敬地接见孔子,但不再问他有关礼仪的事了。孔子见得不到重用,于是离开了齐国,重新回到鲁国。

季桓子有个宠臣叫仲梁怀,与阳虎不和。阳虎想赶走仲梁怀,季氏家臣公山不狃阻止了他。这年秋天,仲梁怀更加骄横了,阳虎逮捕了仲梁怀。季桓子大怒,阳虎于是也囚禁了季桓子,后来季桓子与他订立盟约才被释放。阳虎自此之后更加轻视季氏,季氏也经常凌驾于鲁君之上,鲁国出现了大臣专权的局面。后来鲁国自大夫以下都不守礼节,违背正道。所以,孔子不愿意再做官,在家专心研究《诗经》《尚书》《礼经》《乐经》,学生也越来越多,有的甚至来自远方,无不虚心接受孔子教诲。

鲁定公八年,公山不狃在季桓子手下不得宠,勾结阳虎作乱，想废掉季孙氏、孟孙氏、叔孙氏三家的嫡生嗣子，改立阳虎一直很喜欢的庶子，于是抓住了季桓子。季桓子施计骗他，逃了出来。鲁定公九年，阳虎作乱失败，逃奔到齐国。当时，孔子五十岁。

公山不狃依靠费城反叛季氏，派人请孔子去帮忙。孔子探索治国之道已经很久了，但始终郁郁不得志，无处施展才华，没有人任用他，此时便说："当初周文王、周武王在丰、镐开始兴盛，后来建立了王业，现在费城虽然很小，应该也差不多吧！"打算前去赴任。子路不高兴，阻止孔子。孔子说："他们请我去，难道会让我白跑一趟吗？如果重用了我，我将在东方建立一个像周那样的王朝！"但最终未能成行。

后来鲁定公任命孔子为中都长官，一年后，各地都效仿他的治理方法。孔子由中都长官被提拔为司空，又由司空升任为大司寇。

鲁定公十年春天，鲁国与齐国言和。夏天，齐国大夫黎鉏对齐景公说："鲁国如今重用孔丘，形势一定会危及齐国。"于是齐景公就派使者前去告诉鲁国，说要与鲁定公相会交好，会见的地点在夹谷。鲁定公准备车辆随从，将要毫无防备地去赴约。孔子兼办会晤事宜，他对鲁定公说："我听说办理文事必须要有武装准备，办理武事也必须有外交配合。以前诸侯出自己的国境，一定要带齐必要的官员随从。希望您能够安排左、右司马一起去。"定公说："好。"于是就带了左、右司马同去。他们在夹谷与齐景公相会，那里修筑了盟坛，坛上备好席位，又有三级登坛的台阶，按礼节相见，拱手作揖相让才登坛。馈赠应酬之后，齐国管事的官员快步上前请示说："请开始演奏四方舞乐。"齐景公说："好的。"于是齐国的乐队以旌旗为先导，有的头戴羽冠、身穿皮衣，有的手执武器，喧闹着一拥而上。孔子见状赶忙跑过来，一步一阶快步登台，还差一级台阶时，一挥衣袖，说道："我们两国国君是来友好相会的，为什么在这里演奏夷狄的舞乐，请命令管事官员叫他们下去！"主管官员叫乐队退下，他们都不退，左右去看晏婴与齐景公的眼色。齐景公心中惭愧，挥手叫乐队退下。过了一会儿，齐国的管事官员又上前请示说道："开始演奏宫中的乐曲。"齐景公说："好的。"于是一些歌舞杂技艺人和身材矮小的侏儒上前开始表演了。孔子看了又急跑过来，一步一阶往台上走，最后一阶还没有迈上就说："普通人敢来胡闹迷惑诸侯，依法论罪这可是要杀头的！请命令主事官员去执行！"主事官员依法将他们处以腰斩，这些人都手足异处。齐景公大为畏惧，深受触动，知道自己在道义上比不上鲁国，回国之后很是惶恐，告诉他的大臣们说："鲁国的大臣们都是用君子的道理来辅佐他们的国君，而你们却拿夷狄的办法教我，使我得罪了鲁国国君，这可怎么是好呢？"主管官员上前回答说："君子如果犯下过错，就会用实际行动来表示道歉认错；小人如果犯下过错，就会用花言巧语来谢罪。您如果痛心，就用实际行动来表示道歉吧。"于是齐景公就将从前从鲁国夺取的郓、汶阳、龟阴的土地都还给鲁国，以此来向鲁国道歉认错。

鲁定公十三年夏天,孔子对鲁定公说:"臣子的家中不能收藏武器,大夫封地的城墙不能长于三百丈。"于是鲁定公就派仲由去季氏家中当管家,准备拆毁季孙、孟孙、叔孙三家封邑的城墙。因此,叔孙氏先把郈城的城墙拆了,季孙氏也打算拆掉费城的城墙,但遭到了公山不狃的抵抗。后来,公山不狃和叔孙辄带领费城的人攻打鲁国,鲁定公和季孙、孟孙、叔孙三人躲进了季孙的住宅,登上了季孙武子的高坛。公山不狃率领费城人攻了一阵,没能打进去,但有人攻入鲁定公所登高坛的近侧。孔子命令申句须、乐颀下台来反击他们,费城人失败逃走,鲁国人乘胜追击,在姑蔑把他们彻底打败。公山不狃、叔孙辄两人逃到了齐国,费城的城墙后来被拆毁。接着准备拆除孟孙氏领地成城的城墙,孟孙氏的家臣公敛处父告诉孟孙说:"如果拆除了成城的城墙,齐国人一定会攻入我们的北大门。且成城又是孟氏的屏障,没有成城也就等于没有孟氏。我不打算拆毁。"十二月,鲁定公率兵包围成城,没有攻下。

鲁定公十四年,孔子五十五岁,他以大司寇的身份代理国相事务,脸上有喜悦的神色。他的弟子说:"听说君子都是大祸临头也不恐惧,大福到来也不喜形于色。"孔子说:"是有这么一句话,但不是还有一句话说'因为身居高位而可以礼贤下士而高兴'吗?"孔子上任不久,就诛杀了扰乱国政的大夫少正卯。孔子参与处理国政三个月,贩卖猪、羊的商人就不敢漫天要价了;男女行人都分开走路;掉在路上的东西也没人捡走;各地的旅客来到鲁国的城邑,用不着向官员们送礼求情,都能得到很好的招待，像回到了自己家中一样。

齐国听说这个消息以后开始害怕起来，说："孔子如果一直在鲁国执政下去，鲁国一定会称霸，鲁国一旦称霸，我们距它最近，它必然首先会来吞并我们。何不先送些土地给他们呢？"黎钽说："我们先试着阻止他们，如果不成，再送给他们土地，难道这还算迟吗？"于是就从齐国挑选了八十位漂亮女子，都穿上华丽的衣服，教她们学会跳《康乐》，又挑选了身上有花纹的马一百二十余匹，一起送给鲁定公。女乐和纹马彩车安放在鲁城南面的高门外，季桓子身着便服前往观看，打算接受下来，并以外出到各地周游视察为名，乘机整天到南门观看齐国的美女和骏马，连国家的政事也懒得去管了。子路看到此种情形便对孔子说："老师，我们可以离开这里了吧。"孔子说："鲁国现在就要在郊外祭祀，如果能按照礼法把典礼后的烤肉分给大夫们，那么我就留下不走。"季桓子最终接受了齐国送来的女子，一连三天不过问政事；在郊外祭祀结束后，又违背常礼，没把烤肉分给大夫们。孔子于是离开了鲁国，当天就在屯地住宿过夜。鲁国有一个名叫师己的乐师来为他送行，说："先生您是没有过错的。"孔子说："我唱一首歌，行不行？"于是唱道："那些妇人的口，可以把大臣和亲信撵走；接近那些妇女，可以使人败事亡身。悠闲啊悠闲，我只有这样来安度岁月！"师己返回后，季桓子问他说："孔子说了些什么？"师己如实相告。季桓子长叹一声，说："先生是怪罪我们接受了齐国那一群女乐啊！"

后来，孔子到了郑国，与弟子们走散了，一个人站在外城的东门。郑国有人看见了他，就告诉子贡说："东门那儿有个人，他的额头像唐尧，脖子像皋陶，肩膀像郑子产，可是从腰部以下比禹短了三寸，一副狼狈破落的样子，像一条丧家之犬一样。"子贡把这些话如实地告诉了孔子。孔子高兴地说道："他形容我的相貌，不一定对，但说我像条丧家犬，真是太对了！对极了！"

孔子经过卫国的属地蒲，正好遇上公叔氏凭据蒲地反叛卫国，蒲人扣留了孔子。孔子的弟子中有个叫公良孺的，带了五辆车子跟随孔子一起周游各地。这个人身材高大，有才德，也有勇力，对孔子说："我曾经跟随老师在匡地遇到危难，如今又在这里遇到危难，这是命里注定的吧。我和老师一再遭难，宁可搏斗而死。"公良孺跟蒲人激烈奋战，蒲人害怕了，对孔子说："如果你答应不去卫国，我就放你们走。"于是孔子就与他们订立了盟约，后来才放孔子从东门出去。孔子后来还是到了卫国。子贡说："盟约可以违背吗？"孔子说："当初是在被要挟的情况下订立的盟约，神是不会认可的。"

卫灵公听说孔子来了，很高兴，亲自到郊外迎接孔子。卫灵公问孔子说："蒲这个地方可以攻取吗？"孔子回答说："可以。"卫灵公说："我的大夫却认为不可以，因为现在的蒲是防御晋、楚的屏障，用我们卫国的军队去攻打，恐怕不可以吧？"孔子说："蒲地的男子有誓死效忠卫国的决心，妇女有保卫西河一带的愿望。我所说的讨伐，只是讨伐四五个领头叛乱的人罢了。"卫灵公说："很好。"但是没有出兵去攻打蒲地。

卫灵公年纪已高,懒得处理政务,也没有起用孔子。孔子长叹一声说："如果有人起用我,一年时间就差不多了,三年就会大见成效。"于是孔子离开了。

佛肸是中牟的宰相。赵简子攻打范氏、中行氏,讨伐中牟。佛肸就占据了中牟,投靠了范氏和中行氏,并派人去请孔子。孔子打算去,子路说："我听老师说过,'亲自带头做坏事的人那里,君子是不去的'。现在佛肸自己占据中牟想要反叛,您却准备前往,这是为什么呢?"孔子回答说："我是说过这句话。不过也说过,坚硬的东西是磨不薄的;还说过洁白的东西是染不黑的。我难道是只能看却不能吃的匏瓜吗,怎么可以老是挂着却不给人吃呢?"

有一次孔子正敲击磬,有个背着草筐的人路过门口,说道："这个击磬人有心思啊,磬声又响又急,既然人家不赏识你,那就算了吧!"

孔子跟随师襄子学习弹琴,一连学了十天,也没继续学习新曲子。师襄子说："你可以学新曲了。"孔子说："我已经掌握这首乐曲了,但还没有熟练地掌握弹琴的技法。"又过了些时日,师襄子又说："你已经掌握弹琴的技法了,可以学习新曲子了。"孔子说："我还没有领会乐曲的意蕴。"又过了几日,师襄子说："你已经领会乐曲的意蕴,可以学些新曲了。"孔子说："我还没有体会出作曲者是怎样的人。"又过了几天,孔子穆然沉思,接着又心旷神怡,显出志向远大的样子,说:"我体会出作曲者是个什么样的人了,他的皮肤黝黑,身材高大,目光深邃并且明亮,就像一个统治四方诸侯的王者,除了周文王,又有谁是这样的呢!"师襄子于是恭敬地离开座位,起身向孔子拜了两拜,说:"我的老师原来说过,这是《文王操》呀。"

后来孔子又回到了卫国。这时,孔子六十三岁,这年是鲁哀公六年。

第二年,吴王在缯地与鲁哀公相会,要求鲁国提供百牢的祭品。吴国的太宰伯嚭召见季康子。季康子派子贡前往,然后鲁国才得以免除这不合礼数的要求。

孔子说:"鲁国、卫国的政事,如同兄弟一般相似。"当时,卫出公的父亲蒯聩没能即位,流亡在外,诸侯对此事屡加指责。而孔子的弟子很多在卫国做官,卫出公想请孔子来卫国执政。子路问孔子说:"卫国国君想请您出来执政,您打算首先做什么呢?"孔子回答说:"那我一定要先正名分!"子路说:"有这样的事吗,老师您太迂腐了!为什么要首先正名分呢?"孔子说:"鲁莽啊,仲由!如果名分不正,说出的话就不顺当;说话不顺当,那么事情就办不成;事情办不成,那么礼乐教化就不能兴盛;礼乐如果不能兴盛,那么刑罚就不能准确适度;刑罚不能准确适度,那么老百姓就手足无措,不知怎么办才好。所以君子办事一定要符合名分,说出来的话,一定要切实可行。君子所说出来的话,应该毫不苟且随便才行啊。"

第二年，冉有作为季氏统领，与齐军在郎地交战，大败齐军。季康子说："您的军事才能，是学来的呢，还是天生的呢？"冉有回答说："我是从孔子那里学来的。"季康子又问："孔子是什么样的人呢？"冉有回答说："如果想要任用他，就要给他符合的名分，他的学说不论是传播到平常百姓那里，还是传播到鬼神面前，都是没有缺憾的。我在军事方面，虽然有功累计，就是封到两千五百户人家，孔子也会毫不动心。"康子说："我想召见他，可以吗？"冉有说："您想召见他，只要保证不让小人从中阻碍，就可以了。"当时，卫国大夫孔文子想要讨伐太叔，向孔子询问计策。孔子推辞说不知道，他回到住处便吩咐仆人备车准备离开卫国，说道："鸟能选择树木栖息，树木怎能选择鸟呢？"孔文子执意挽留他。恰好季康子派公华、公宾、公林，带着礼物前来迎接孔子，孔子就回鲁国去了。

从孔子离开鲁国到后来又重新回到鲁国，中间一共经历了十四年。

鲁哀公向孔子请教治理国家的道理，孔子回答说："治理国家最重要的是要选择好大臣。"季康子也向孔子请教治理国家的道理，孔子说："要推举正直的人，抛弃邪曲的人，这样邪曲的人也会变为正直的人了。"季康子担心盗窃的发生，孔子说："如果你自己没有欲望的话，就是给你奖赏，也不会去偷窃。"然而鲁国始终不能重用孔子，孔子也不要求出来做官。

　　孔子生活的那个时代，周王室衰落，礼乐都被废弃，《诗经》《尚书》也都残缺不全了。孔子探究夏、商、周三代的礼仪制度，编定了《尚书》，上至唐尧、虞舜，下到秦穆公，依照事情的先后顺序，加以整理编排。孔子说："夏代的礼仪制度我还能讲出来，它的后代杞国人不足以采证。殷商的礼仪制度我也能讲出来，它的后代宋国人不足以采证。如果这两国有足够的文献和知礼之贤人，我就能证明这些制度了。"孔子考察了殷代对夏代礼仪制度所做的增减之后说："将来就算再过一百代，增减也是可以预知的，因为一种是重视文采，另一种是重视朴实。周代的礼仪制度继承了夏代和殷代两方面，是多么的丰富多彩呀，我主张用周代的礼仪。"所以《尚书》《礼记》都是孔子编定的。

　　古代流传下来的《诗经》有三千多篇，到孔子时，他把重复的进行了删减，选取符合礼仪的用于推行教化，最早的是追述殷始祖契、周始祖后稷，其次是叙述殷、周两代的兴盛，直到周幽王、周厉王的政治昏乱，而开头就是描述男女关系和情感的诗篇，所以说："《关雎》是《国风》的第一篇，《鹿鸣》是《小雅》的第一篇；《文王》是《大雅》的第一篇；《清庙》是《颂》的第一篇。"一共三百零五篇诗，孔子都能一一进行演奏歌唱，追求与《韶》《武》《雅》《颂》这些乐曲的音调相符合。先王的礼乐制度从这以后才得以恢复，王道也由此更加完备，礼、乐、射、御、书、数这六种技艺也最终形成。

孔子晚年喜欢研习《周易》，他详细解释了《彖辞》《系辞》《说卦》《文言》等。孔子学习《周易》十分刻苦，反复翻阅，曾经多次把编穿书简的牛皮绳子都磨断了。他还说："如果可以让我再多活几年，我就能对《周易》的文辞和义理作更充分的掌握理解了。"

孔子用《诗经》《尚书》《礼记》《乐经》作为教材教育弟子，当时跟从他学习的弟子大约有三千人，其中精通礼、乐、射、御、书、数这六种技艺的共有七十二人。至于多方面受到孔子的教诲，却没有正式入籍的弟子就更多了。

孔子教育弟子的内容一般包含四方面：学问、言行、忠诚、信义。并为弟子规定了四条禁律：不揣测、不武断、不固执、不自以为是。他教育弟子应当特别谨慎处理的是：斋戒、战争、疾病。孔子很少谈到利益，就算谈到，也是和天命、仁德联系在一起。他教育弟子的时候，不到弟子真正遇到困难，烦闷着急的时候，不会主动去启发开导他。他告诉弟子一个道理，弟子如果不能触类旁通理解相似的道理，他就不会再对弟子重复讲述了。

孔子在自己的乡里，谦恭得就像个一点儿也不善言谈的人。但他在宗庙祭祀和朝廷议政等场合，却能言善辩、言辞明晰、道理通达，然而又很恭谨小心。上朝时，他与上大夫交谈，态度和悦，中正自然；与下大夫交谈，和乐安详。

孔子进入国君的宫门，低头弯腰，恭敬谨慎，进门后急行向前，恭敬有礼。国君派他迎接宾客，他的神色庄严认真。如果国君召见他，他不等车驾备好，就动身起行。

鱼不新鲜，肉变味，或没有按规矩宰杀，孔子就不吃。席位不符合礼仪，孔子就不就座。在有丧事的人旁边吃饭，他从来不会吃饱。

他如果有一天哭泣过，那么在这一天就不会再歌唱。看见穿孝服的人或者盲人，就算是个小孩，孔子也定会改变面容以示同情。

子贡说："老师在文献方面的成就十分显著，我们都是知道的。老师关于天道与命运的深刻见解我们就不知道了。"颜渊感慨地叹气道："我越是崇拜老师的学问，就越觉得这些学问高深莫测；越是苦心研究，就越觉得这些学问博大精深。有时看见它就在眼前，忽然又发现在身后了。老师善于循序渐进地教导我们，用典籍来丰富我们的知识，用礼仪来规范我们的言行，让我们想停止学习都不可能。虽然我已经竭尽全力，现在也好像有所建树，但老师的学问却依然高高在上。就算我想追赶上去，但依然还是不可能追得上。"达巷这个地方的乡人说："孔子是多么的伟大啊，他博学多才，却不局限于某一方面。"孔子听到后说："我要专于什么呢？是专于驾车？还是专于射箭？我还是专于驾车吧。"子牢说："老师曾说：'我不被世人所重用，所以才学了这么多的技艺。'"

鲁哀公十四年春天，鲁哀公在大野打猎。给叔孙氏驾车的人钽商捕获一头怪兽，他们觉得这是不祥的预兆。孔子看了说：“这是麒麟。”并将它取走了。孔子说：“黄河上没有龙马负图出现，洛水上没有神龟负书出现，我见不到了吧！”颜渊去世，孔子说：“这是老天要亡我呀！”等到他西去狩猎见到麒麟以后，说道：“我的主张无法实行了啊！”长叹一声说：“没有人能了解我呀！”子贡说："为什么说没有人了解您？”孔子回答说：“我不抱怨天，也不怪罪人，下学人事，上通天理，能了解我的，只有上天了吧！”

孔子说："不降低自己的志向，不让自己受到侮辱，只有伯夷、叔齐这两个人吧！”又说：“柳下惠、少连降低了志向，又使人格受到侮辱。"又说："虞仲、夷逸隐世避俗，行为清高纯洁，舍弃官名符合权变。"又说："我不同于这些人，以义为尺度没有绝对的可以，也没有绝对的不可以。"

孔子说："不可以啊不可以！君子最害怕的就是死后不能留下好名声。如今我的主张不能得到施行，我用什么贡献给社会并留下好名声呢？"于是就根据鲁国的史书编写了《春秋》，上起鲁隐公元年，往下一直到鲁哀公十四年，一共记载了鲁国十二个国君。《春秋》依据鲁国纪年法展开叙述，尊奉周王室为正统，以殷商为借鉴，联系夏、商、周三代，文辞简洁，内容广博。寓褒贬于文辞之中，对符合礼制的加以赞许，不合礼制的则于隐微之处贬抑。所以吴国和楚国的国君虽然都妄自称王，但在《春秋》中仍旧被贬称为子爵；晋文公在践土与诸侯会盟，召见周襄王，而《春秋》中却避之不提，只说"周天子到河阳打猎"。《春秋》就是用这种方法，来褒贬当时的各种事件，后来有些国君对它进行提倡推广，《春秋》被推广以后，天下那些乱臣奸贼就都害怕起来了。

孔子做官的时候，审理诉讼案件，文辞上如果还有与别人商量的余地，就决不独断专行。可是到了写《春秋》的时候，他认为该记载的就一定要记载，该删减的就一定要删减，就连子夏这些擅长文字的弟子，都不能增删一字。弟子们学习《春秋》，孔子说："后人了解我孔丘这个人，是因为《春秋》，而后人怪罪我孔丘的，也将是因为《春秋》。"

孔子生病，子贡前来拜见。孔子正拄着拐杖在门口休闲散步，看见子贡就说："赐呀，你怎么来得这么迟啊？"孔子接着叹了一口气，随即唱道："泰山就要这样倒了吗？梁柱就要这样断了吗？哲人就要这样死去了吗？"他一边唱一边禁不住流下眼泪，告诉子贡说："天下失去常道已经很久了，没有人能遵循我的主张。夏人死后停棺在东厢的台阶，周人在西厢的台阶，殷人在堂屋的两柱之间。昨夜我梦见自己坐在两柱之间受人祭奠，我的祖先是殷商人啊。"一代大师孔子患病不愈而卒，终年七十三岁。

孔子的思想核心是"仁"和"礼"。

仁，即爱人。爱人的意识境界及范围是从亲亲为仁向泛爱众的无限扩延。显然，孔子继承了三代的民族传统，立足于血缘、宗族制度的历史事实及文化渊源，创建其思想体系，此点非常符合中国文化的民族特性，直至现在，依然为人民所普遍认同，有着存在的根基和价值。相反，墨子的"兼相爱、交相利"的观点迅速湮没在历史文化的长河里，这表明：文化传统与民族特点是文化取舍的两个重要因素。

礼，即角色的行为规范。孔子说："君君、臣臣、父父、子子。"孔子认为，处在人际、人伦关系中的角色，都在仁的理念指引下履行各自的行为规范，达成仁礼统一。若仁礼不调，就会弄得君不君、臣不臣、父不父、子不子。仁与礼是道德体系的两方面。仁是道德心的整体性、系统综合性，归属社会的意识形态；礼是行为规范的整体性、系统综合性，归属社会运作的形态和秩序。孔子对礼高度重视，"非礼勿视，非礼勿听，非礼勿言，非礼勿动""克己复礼为仁"。从建设理想社会的角度，孔子提出礼的层次性规范化理论，"君子喻于义，小人喻于利"。君子，代表国家行政人员及研究学问的知识分子。他们的规范性行为是义——忠于职守，清廉为政，学问泽人。他们的义，在于谋取社会民生之大义和大利。小人，从事社会生产的劳动阶层人员，他们立足本职去谋利，实质是为社会增添财富。国家富足，民生康裕，直接的动力源是小人利。在一定规范条件下的小人利，也是社会民生的大义和大利。在文化史上提出礼的层次规范化理论，孔子是第一人，理论上的应用、社会实践的历史源流，已成儒学不易之义理，直至现今，仍然有熠熠之光辉。礼的层次规范化原理只会出现在孔子及儒学的理论中，绝不会出现在老庄的道家体系中，也不会出现在佛教体系里，世界观体系及精神境界决定其思想体系的特点。

从春秋战国到西汉独尊儒术之前,是中华文化发展变迁的关键时期。其间所取得的思想突破,不仅深刻影响了后世学术与思想的发端和发展,更在代代传承中逐渐内化于中华文化传统与国民气质。而孔子正是这一时代的开启者和重要参与者:"从孔子开始到秦完成统一的三四个世纪里,中国人的基本思想得以奠基。从那时起,支配着中国人心灵的观念以及周代的社会和政治元素,很大程度上塑造了今后中国的历史。"(牟复礼《中国思想之渊源》)出于对孔子文化地位的认可,德国哲学家雅斯贝尔斯在言及"轴心时代"时特别把孔子置于首位:公元前800—公元前200年,特别是公元前500年前后,中国的孔、墨、老、庄,印度的释迦牟尼,波斯的琐罗亚斯德,犹太的以赛亚,希腊的巴门尼德、赫拉克利特和柏拉图等"贤哲"几乎同时出现。这一时代的思想空前活跃,并对各主要文明的发展起到重要影响作用。

与其他诸子不同,对孔子的推崇从子学时代之初就已然开始了。孔子在世时,虽然政治上是不得意的,但以博学多识而驰名鲁国内外。例如,《墨子》中就记载了公孟子和墨子之间关于"若使孔子当圣王"的探讨,并称"孔子博于诗书,察于礼乐,详于万物"。孔子逝世的时候,鲁哀公诔文称他为"尼父"。连法家的韩非子也曾说了"仲尼为政于鲁,道不拾遗,齐景公患之"的话。此后,对孔子的尊崇也绵延不绝:孔子在西汉被奉为"素王";北魏孝文帝称其为"文圣尼公";唐玄宗封孔子为"文宣王";元武宗加封孔子为"大成至圣文宣王"；清代称孔子为"至圣先师"。而这背后的原因，正是对孔子文化地位的一致认可。

秦始皇重用新礼乐派，焚书坑儒，但秦仅仅三世十五年而已。汉高祖刘邦于公元前195年过曲阜，以太牢祭祀孔子。汉武帝"罢黜百家，独尊儒术"以后，"五经"立于学官，儒家思想成为两汉时期钦定的正统思想，尊称孔子为"素王"。司马迁的《史记》中专列了《孔子世家》一篇，并赞誉道："天下君王至于贤人众矣，当时则荣，没则已矣。孔子布衣，传十余世，学者宗之。自天子王侯，中国言六艺者折中于夫子，可谓至圣矣！"

尽管这种思想和理论的产生，有其特定的历史原因，但是，思想和理论的历史出发点，并不能决定它的历史归宿点。一种思想和理论一经产生，并发生了社会影响，它就脱离了思想家自己确定的轨道，而听命于社会历史的摆布。历代封建统治者尊孔崇儒，是由儒家思想有利于统治阶级的需要所决定的。因此，随着社会历史的演变，儒家后学对孔子的思想既有继承，又有不同的阐发，以至曲解改变，甚至走向极端。后世以孔子名义来宣传的儒学思想，是儒学发展史上的一个阶段，但这同孔子学说的原貌是不完全相同的。孔子死后的战国时期，"儒分为八"，对社会产生深远影响的是以孟轲为代表的"孟氏之儒"和荀卿（孙卿）为代表的"孙氏之儒"。范文澜把孟子派划为"仁义派"，荀子派划为"礼乐派"。

战国末期，荀子以孔子关于礼乐的学说为主，继承、综合了道家和前期法家的理论，并在新的历史条件下加以改造、提高，形成集先秦诸子之大成的荀学。在秦国，荀子派战胜了孟子派。荀子的学生李斯、韩非把他的学说运用于秦国，使秦完成统一大业，但他们又片面地发展了荀子思想，提出了专任法术势的法家理论，导致了秦朝的速亡。自西汉以来，儒学脱离了原始儒学的阶段而进入了经学阶段。董仲舒为汉武帝实现大一统的需要，提倡"天人感应"说，作为"君权神授"的理论根据，给"阴阳五行"说涂上了浓厚的神秘色彩，把西周以来的宗教神秘主义推至新的顶点。董仲舒把历来讲的"五伦"，发展成"三纲"：即君为臣纲，父为子纲，夫为妻纲，把臣、子、妻置于绝对服从的地位。他说："王道之三纲，可求于天。""天者，百神之大君也。"

"三纲"加上"神权"，构成了封建社会的四大绳索，以巩固统治。后来，这种理论又把孔子所强调的"仁""义""礼""智""信"五项道德情操糅合为"五常"，成为封建社会的"纲常名教"。汉武帝接受了他的建议而"罢黜百家，独尊儒术"。由此，"经学"思想成为唯一的正统思想。东汉时，董仲舒的思想继续发展为"谶纬神学"，从而把儒家的"六经"神秘化，把儒学思想宗教化。与此同时，以刘歆、扬雄、桓谭、王充等人为代表的古文经学家，反对把孔子神化，认为孔子是"人"，是"君子"而不是神。在汉代，这种思想对阻止今文经学宗教化起了积极的作用。魏晋时期，王弼、何晏、夏侯玄等开玄学清谈风气，"援老入儒"，嵇康、阮籍继之，得出了"越名教而任自然"。

　　这一阶段的学者否定儒家礼教的烦琐形式，以老庄学说理解、注释儒家经典。玄学是儒学的一种形式和发展阶段，实际上提高了儒家名教的精神境界。隋唐时，佛教盛行，有人"援佛入儒"，吸取了某些佛教哲理作为儒家哲学的养分。陆德明的《经典释文》就把《老子》《庄子》列入了经典，打破了经典只在儒家的传统。唐太宗令孔颖达作《五经正义》，从经学史上说，是两汉、魏晋、南北朝以来经学的统一；从儒学发展史上说，是经学时代的结束和理学时代的开启。韩愈、柳宗元倡导古文运动，主张从尧舜至孟子一脉相传的"道统"，提出"文以载道"，反对佛、道。这种思想又被后来理学家们全盘接受，成为经学发展的一个阶段。

　　到了宋代，理学家对"道统"又做了发展。理学不同于经学的是，他们注重发挥儒家哲学的精神实质，构建了自己的理论体系，而不是支离破碎地拘挛章句、训释辞义，在理论上无所建树。理学上的"道统"，是通过道、释二家的批判吸收来实现的，从儒家发展史的角度看，无疑是一种发展。

　　孔子生于忧患、死于忧患，度过了为理想社会奋斗不止的一生，其抱负虽从未真正得以施展，却成就了万世师表的千古素王。孔子以广博的学问、深刻的人生修养、崇高的思想境界、强烈的人文关怀，教化影响了几千年来从庶民到天子的全体中国人。孔子创立的儒家学说，作为中华文明的代表之一，在中国历史长河中，为传承中华文明作出了卓越贡献，其儒家思想对中国和世界都有深远的影响,因而孔子被列为"世界十大文化名人"之首。20世纪80年代,联合国教科文组织总干事代表泰勒博士说:"如果人们思索一下孔子的思想对当今世界的意义,人们很快便会发现,人类社会的基本需要在过去的两千五百多年里,其变化之小是令人惊奇的。不管我们取得进步也好,或是缺少进步也罢,当今一个昌盛、成功的社会,在很大程度上,仍立足于孔子所确立和阐述过的很多价值观念。这些价值观念是超越国界、超越时代的;属于中国,也属于世界;属于过去,也会鉴照今天和未来。"

# 韩非 / 法家思想的典范与命运的无常

他的理想如同火焰，纯粹而又大胆，却在颠沛流离的一生里，从未施展。公元前233年，在秦国牢狱里，他拿起面前的一杯鸩酒一饮而尽，这个法家思想的集大成者就此消亡在漫漫的历史长河里。

他是韩非，韩国的贵族。

相传韩非是韩王歇的儿子，有着韩国公子的身份。贵族也有不同，强盛国家的贵族连其他国家的国君都敬畏和景仰，弱势国家的贵族存在感则极为薄弱。但弱小的贵族也是贵族，生在优渥环境下的韩非受到了良好的教育。人生识字忧患始，学有所用的韩非也看到了韩国的悲惨处境，尽管现在是锦衣玉食的生活，但说不定哪天秦国发兵打来，一夜之间就会沦为生死未卜的阶下囚。韩非自此发奋苦学，只为有朝一日能做个满腹奇谋妙计的治世能臣，在殿堂上指点江山，改变韩国羸弱的悲惨国运。学无止境，韩非认为自己在韩国的书早已读遍了，他渴望寻找一位学识渊博的大师来给他指点迷津。

韩非找到的恩师是儒学大师荀子，一个在史书中被高度评价，却被历代儒学学者抨击的矛盾人物。荀子被后人誉为"儒学的集大成者"，但在文学界他却是离经叛道的怪人，他以孔孟之学为师，但又提出礼法兼用，这样的行为在儒法对立的先秦时期是不被理解的。韩非经过长途跋涉来到了楚国，成为荀子的学生，荀子的"礼法并用"思想对韩非产生了深刻的影响。韩非早年的法学思想追根溯源，来自老子的道学，再加上老师荀子的儒法学影响，韩非结合法、道、儒三家特点，形成了自己法、术、势的法学三大观。

荀子还有另一个学生叫李斯，日后成为秦朝位高权重的丞相，目睹了秦一统天下的大业。

学生时代的李斯认为自己的学识和地位远不如出身高贵的韩非，这就造成两人虽是同窗却无同窗之情的尴尬局面。贵族韩非抱着辅佐国君、扭转乾坤的理想，平民李斯则有着封官加爵、荣华富贵的人生目标。韩非的贵族身份决定了他不能像李斯那样，游说诸侯国，成为王上宾，他只能忠于自己的家族，一个几近崩溃的王族。

学成归来的韩非怀揣自己的理想，多次上书韩王，规划着自己的变法蓝图，可天真的韩非没有意识到韩王对自己的忌惮。如同魏王对信陵君的百般提防，韩王对韩非也充满着敌视，身为一国贵族，威信高于一国之君不是一件好事。即使韩非一心一意地献谋献策，韩王都会将韩非的奏章弃如敝屣。韩非一次次满怀希望地上书，一次次地被束之高阁，这让韩非非常悲愤和失望。韩非痛心国君治国不致力于修明法制，不能用权势来驾驭臣子，不能使国家富强、兵力强大，不能任用贤能之士，反而任用一些文学游说之士，使他们的地位高于专务功利实效的人。他认为儒生搬弄文辞扰乱了国家法度，而游侠凭借着武力干犯禁忌。国家太平时，君主就恩宠那些有浮名虚誉的文人；形势危急时，又去起用那些披甲戴胄的武士。现在国家培养的人并不是国家所需要的，而所需要的人又不是平时培养的。

韩非生来口吃，虽不善于讲话，却擅长著书立说。他悲叹廉洁正直的人不被邪曲奸枉之臣所容，考察了历史上治国得失的变化，写出了《孤愤》《五蠹》《内外储说》《说林》《说难》等著作，十万余言，字里行间，叹世事之难，人生之难，阅尽天下，万千感怀。然而韩非尽管深知游说之道的艰难，并详尽地论述于《说难》一文中，但最终还是被害死在秦国，没能幸免于难。

《说难》里写道：大凡游说君主的难处，不是难在我的才智不足以说服君主，也不是难在我的口才不足以明确地表达我的思想，也不是难在我不敢毫无顾虑地表达全部的意见和观点。大凡游说的困难，难在如何了解游说对象的心理，然后用我的言论去适应他。

游说的对象如果想博取高名，而你却用获得重利去劝说他，那么他就会认为你品德低下，而以卑贱的待遇对待你，你一定会被遗弃和疏远。游说的对象如果贪图重利，而你却用博取高名去劝说他，那么他就会认为你是一个没有头脑且脱离实际的人，一定不会录用你。游说的对象实际上意在重利而表面上却装作喜好高名，而你用如何博取高名去劝说他，那么他表面上会录用你，而实际上却会疏远你；假如你用获得重利的言论去劝说他，那么他会暗中采纳你的意见，却在表面上抛弃你。这些都是游说的人不能不知道的。

行事因为保密而成功，言谈因为泄密而失败。不一定是游说者本人泄的密，而只是游说者在言谈之中无意说到了君主内心隐藏的秘密，这样游说者就会有生命危险。君主有过失，而游说的人却公开用一些大道理去推测他的不良行为，那么游说的人就会有生命危险。君主对游说者的恩宠还没有达到亲密的程度，而游说者就把知心的话全都说出来，如果意见被采纳了而且有了功效，那么，你的功劳就会被君主遗忘；如果主张行不通而且遭到失败，那么游说者就会被君主怀疑，这样游说者就会有生命危险。君主计划了一件事情，感到很得意，想自己表功，但游说者也曾参与，知道这件事，那么他也会有生命危险。君主表面上做着一件事，而实际上是为了成就另一件事情，如果游说者参与并知其计，那么他也会有生命危险。如果游说者勉强让君主去做他坚决不愿做的事，或勉强去阻止君主做他所不愿意罢手的事情，那么游说的人就会有生命危险。游说者如果与君主议论在任的大臣，就会被认为是离间君臣的关系；如果和君主议论地位低下的人，就会被认为是卖弄权势。

议论君主所喜爱的人，那么君主就会认为游说者是在利用他；谈论君主所憎恶的，那么游说者就会被认为是在试探君主的看法。如果游说者文辞简略，那么就会被认为是缺少才智而得不到重用；如果游说者铺陈辞藻，夸夸其谈，那么就会被认为是语言放纵而浪费时间。如果游说者顺应君主的主张陈述大意，那么就会被说是胆小而不敢大胆尽言。如果游说者毫无顾忌地把考虑的事情尽情说出来，那么就会被说成是鄙陋粗俗、倨傲侮慢。这些都是游说的难处，不可以不知道。

大凡游说者应注意的重要问题，就在于懂得美化君主所推崇的事情，而掩盖他认为自惭形秽之处。对于他自认为高明的计策，就不要拿他过去的失败来衡量而让他受窘；对于他自认为是勇敢的决断，就不要用他由于考虑不周造成的过错去激怒他；他夸耀自己的力量强大，就不要拿他感到棘手的问题非难他。谋划另一件与君主相同的事，赞誉另一个与君主同样品行的人，游说者就要注意文饰自己的观点，不要刺伤他们。有人与君主做了同样失败的事，游说者就应表面上粉饰说他没有过失。忠心耿耿，不拂逆君主之意，言辞谨慎，不相抵触，然后游说者就可以择机施展自己的口才和智慧了。这就是与君主亲近而不被怀疑，可以说尽心里话的办法啊！等到长期与君主共事之后，君主对游说者的恩泽已经很深厚了，游说者为君主的深谋远虑不被怀疑了，互相争议也不被加罪了，遇事便可以公开地论断利害，使他获得成功，可以直接指出君主的是非以正其身。用这样的办法扶持君主，便可以说是游说成功了。

伊尹做过厨师,百里奚做过俘虏,他们都从自己从事工作的角度请求君主采用他们的主张。所以,这两个人都是圣人。他们尚不得不做低贱的事而经历如此的卑微之事,那么贤才之士就不会把卑躬屈节看作耻辱了。

宋国有个富人,因为下大雨冲毁了他家的墙壁。他儿子说:"如果不快修好被冲毁的墙壁,就会有盗贼来。"他邻居的父亲也这么说。晚上果然丢了不少钱财,他家人都认为他儿子特别聪明,却怀疑邻居的父亲。从前郑武公想去讨伐胡国,却把自己的女儿嫁给胡国君主做妻子。因此他就问大臣们说:"我想用兵,可以攻打谁呢?"大夫关其思回答说:"可以攻打胡国。"郑武公就把关其思杀了,并且说:"胡国是我们的兄弟之国。你说攻打它,是什么居心?"胡国君主听到这件事,认为郑君与自己关系密切,便不防备郑国了。郑国乘机偷袭胡国,并吞并了它。邻居的父亲与大夫关其思的看法都是对的,然而言重的被杀死,言轻的被怀疑。难的并不是对某些事情有自己的认识,而是如何妥善地处理已知的事情啊。

从前弥子瑕很受卫国君主宠爱。按照卫国的法律,凡是私自驾用君车的人都要受断足的刑罚。不久,弥子瑕的母亲病了,有人闻讯,便连夜通知了他,弥子瑕就假称君主的命令,驾着君主的车子出去了。卫君听到这件事后反而赞美他说:"真是一个孝子啊,为了母亲的病竟甘愿受断足的惩罚!"弥子瑕和卫君到果园游玩,弥子瑕吃到一个甜桃子,没吃完就献给卫君吃了。卫君说:"弥子瑕真爱我啊,自己不舍得吃却想着我!"等到弥子瑕年老色衰,卫君对他的宠爱也消减了。后来弥子瑕得罪了卫君,卫君说:"这个人曾经假称我的命令私自驾用我的车,还曾经给我吃他吃剩的桃子。"弥子瑕的德行和当初一样没有改变,可当初为卫君所赞许的,后来却变成了罪过,是由于卫君对他的爱憎起了变化。所以说,被君主宠爱时,他的智谋合乎君主的口味,君主就对他更加亲近;当他被君主厌恶的时候,他的过失与君主的厌恶心理相应,君主就对他更加疏远。因此,劝谏游说的人,不能不调查清楚君主的爱憎态度之后再进言。

龙属于虫类,可以亲近它,骑它。然而它喉咙下长有一尺长的逆鳞,人要触动它的逆鳞,一定会丧命。君主也有逆鳞,游说的人能不触犯君主的逆鳞,就差不多成功了。

韩非备受冷落和忽视的时候,秦王宫又是另一番风景,秦王看了《孤愤》《五蠹》等书,慨叹说:"哎呀,我要是能见到这个人并和他交往,就是死也不遗憾了。"韩非拥护专制的学说里,一字一句都透着股血腥气,这让崇尚严刑峻法的秦王嬴政大呼痛快,他认为自己遇到了知己。

公元前233年,秦国大举进攻韩国,韩王安在秦王的暗示下派韩非出使秦国,韩王心里认为,可算送走一个让他头疼又无奈的宗亲子弟。最理解韩非的知己,竟然是韩非最大的敌人,纠结矛盾的韩非在接受秦王规格极高的礼遇时,心情的复杂程度可想而知。

韩非入秦,这也算是完成了秦王的心愿,但是韩非的身份有些特殊，他是韩国的王室，这样的身份注定了他是没法完全为秦国服务的。

他不像其他的外国人才，诸如李斯、尉缭、姚贾、顿弱、郑国等一样，全力投入秦国的统一大业，韩非为秦服务的前提是保存韩国。入秦之后，韩非向秦王上了《存韩书》，力劝秦始皇不要进攻弱小的韩国，而应该首先进攻广袤的楚国。这就是韩非，哪怕是自己的国家已经病入膏肓无药可救，他心里依然不会放下自己的祖国，他的所作所为，有点像屈原最后的为国尽忠。

最终，韩非无法完全融入秦国的权力场，更无法为秦国服务，对诡谲变幻的政治风云看得也不是太透彻，比起能言善辩的国相李斯，韩非陷入了不可知的谜团。出于这种重重矛盾，韩非犯了个冒失的错误，他向秦王提出三点计策：第一是希望秦王相信宗亲，远离毫无血缘关系的朝臣；第二是希望秦王杀了郑国，不要再修劳民伤财的郑国渠；第三是力劝秦王放弃攻打韩国，把战略目光放到最有威胁的赵国那里。让韩非没有想到的是，他提出的三条建议，条条戳痛秦王的那颗早已坚硬的心。

对于第一点，秦王的亲生母亲赵太后和假宦官嫪毐生下二子，并且还想废黜自己，让私生子做秦王。连母亲都是这样心狠手辣，叔侄兄弟更不能相信。对于韩非的第二点，郑国渠眼看就要完工，虽然耗损不少国力，但对秦国的水利也有确确实实的好处。最为忌讳的是第三点，在秦臣纷纷上书攻韩的时候，韩非发出了不一样的声音，极力要求存韩。

这一点让秦王看到了韩非的不为所用，他毕竟是韩国贵族，万事以韩国为第一位。再有巧舌如簧的李斯、姚贾因嫉妒韩非，就在秦王面前诋毁他说："韩非是韩国贵族子弟。现在大王要吞并各国，韩非最终还是会帮助韩国而不会帮助秦国，这是人之常情啊。如今大王不任用他，却让他久留于秦国，将来再放他回去，这是给自己埋下祸患啊。不如给他加个罪名，并依法处死他。"秦王对韩非的态度由知己好友转为十恶不赦的敌人，怒火中烧的秦王下令将韩非逮捕入狱。

韩非入狱后，渐渐明白了不可阻挡的历史潮流，他托同窗李斯给秦王上书，指出秦国的确具备横扫六国的条件，可"举赵楚，亡韩魏，灭齐燕"。然而这封上书究竟传没传到秦王那里，还是个未知数。李斯深知在法家思想的造诣上不如韩非，担心自己被韩非取代，于是想办法陷害韩非。他派人给韩非送去毒酒，让他自杀。韩非想要向秦王申诉，却未能见到。后来秦王后悔了，等到秦王派人释放韩非时，他早在狱中毒发身亡了，一个纠结的青年贵族结束了自己不得志的一生。

韩非死后，秦朝的统一大业刚刚开始。公元前230年，韩非死后第三年，韩国作为秦国灭六国的第一个目标，就此灭亡。

《韩非子》被秦始皇反复阅读，最终成了秦朝的国策。韩非的思想绵延千年，影响着世世代代的国人。他死了，却又带着传奇走来，今夜，只有月色，没有烟雨。

# 第二章 战争中的悲剧英雄

# 白起／不败将军的悲惨命运

孑然傲立，枯骨百万在脚下。却是寂寞浩瀚一如黄沙，不见边际。剑似雌黄，如此热衷，涂抹幅员原有的署名。他只是微醉的画师，固执地，要自己的颜色。他是一代战神，白起。

白起的祖先是楚国的贵族，但是因为触犯了楚王，中途没落，到了白起这一代已经变为平民。沦为平民的白起并没有自甘堕落，而是从小进入了军队，在军队中打磨自己、锻炼自己。由于在军队上待的时间很长，白起对战场十分熟悉。加上他十分聪明，天赋异禀，逐渐明白了如何才能打胜仗。

在秦国的时候，他赶上了一个好时代，一个秦国大发展的时代。不看出身，不看经历，只要能打仗、有战功就可以获得尊重、获得升职。白起因为作战勇猛一步步升任将领级别。他有了操控军队的权力，真正开始展现他的作战能力。

白起作战的时候并不在意城池的得失，而是注重如何打运动战,歼灭敌人。因为只有歼灭敌人,把敌人的人头拿回秦国,才能获得军功爵的升级。打下一座城池非常费力,而且获得的人头数量还不一定多。进行歼灭战,对敌军进行分割包围,彻底歼灭敌方的部队,自己军队的收益才是最大化的。

白起的军队经过他的调动,一直是斩获人头最多的部队之一,白起的部队获得的人头越多,跟着白起打仗的士兵越受益,就会有越来越多的士兵投奔白起,愿意在白起手下当兵,白起在军队中的威望就越来越高。

此后的十五年间,他是六国的噩梦,秦国的战神,功高盖世。秦昭襄王取"以武安民"之意,封他为武安君。

秦国当时采取的是远交近攻的策略,先进攻韩、赵、魏三国,然后再开始中盘绞杀外围的齐、楚、燕三国。秦国在攻打韩国的时候,魏国主动帮助韩国抵抗秦国。因为看形势都会知道,韩国如果不保,下一个一定就是魏国。

秦国这边的大将魏冉推荐当时籍籍无名的白起为这次战斗总指挥,这个时候正是秦昭襄王十四年,秦昭襄王为了摆脱其母亲宣太后对他的控制,起用了自己的势力。作为新一代的秦朝将领,白起抓住了机会,为改变两军对峙的局面,他先用小股部队吸引敌部队前进,然后派大量部队插入敌后包抄,阻敌退路,最后把两国联军包围在了伊阙,斩杀韩魏联军二十四万,并且俘虏敌军主将。白起因此一战成名。

在中国历史上,白起打过的最为有名的一仗要数长平之战。周赧王五十五年(前260年)农历四月,秦将王龁向长平

（今山西晋城高平）的赵国军队发动进攻，赵孝成王命令廉颇迎战。

廉颇的军队数次战败，又修筑壁垒，怯缩不战，赵孝成王十分恼怒。秦国丞相范雎又派人携带千金到赵国施行反间计，散布传言说："廉颇很容易对付，秦国最害怕的是马服君赵奢的儿子赵括。"

赵孝成王将秦国的反间计信以为真，立刻把赵括找来，问他能不能打退秦军。赵括说："要是秦国派白起来，我还得考虑对付一下。如今来的是王龁，他不是廉颇的对手。要是换上我，打败他不在话下。"于是不顾蔺相如和赵括母亲的谏阻，派赵括去接替廉颇为主将。

七月，赵括统率二十万援军来到长平，接替廉颇为主将。赵括到任后根据实际情况更换部队将领，改变军中制度，又一改廉颇的作战方针，主动出兵进攻秦军。

秦昭王得知赵括代替廉颇担任主将后，为能彻底击败赵国、一战定乾坤，暗地里调白起为上将军，改命王龁担任尉官副将，同时令军中严守换帅秘密，有走漏消息的格杀勿论。

在赵括出兵进攻秦国军队的时候，白起命令秦军佯装战败溃退。赵括不知道秦国已经暗地里用名将白起换下了王龁，就命令赵国的军队乘胜追击，一直追到秦军的营垒，但是赵国的军队无法攻破秦军的营垒。

白起命令一支两万五千人的部队突袭到赵军出击部队的后方，截断赵军的后路，又命一支五千人的骑兵部队插入赵军与营垒之间,将赵军主力分割成两支孤立的部队,同时切断赵军的粮道。

白起又派出轻装精兵向赵军发动多次攻击,赵军数战不利。赵括发现已经中计被围,被迫下令全军停止进攻,就地建造壁垒,转为防御,择机突围。

秦昭王得知赵军主力的粮道被截断,就亲自到河内郡(今河南沁阳及附近地区),加封当地百姓爵位一级,并征调河内郡十五岁以上的青壮年到长平战场,拦截赵国的援军和粮草。

九月,赵军主力已经断粮四十六天,大量赵军士兵或饿死或战死,士兵们开始相互残杀为食。赵括将剩余的赵军组织成四支突围部队,轮番冲击了四五次后仍不能突围。

于是,赵括亲率精锐部队强行突围,结果失败,赵括被秦军乱箭射死。

赵国军队因无主将指挥,且伤亡惨重无力再战,剩下的士兵向白起投降。白起说:"赵国士兵反复无常,如果不全部杀掉他们,恐怕再生事端。"于是白起命令秦国军队将赵国降军全部活埋,只留下年纪尚小的二百四十名士兵放回赵国。

长平之战,秦国军队前后斩杀赵国士兵及赵上党民众四十五万人,赵国上下一片震惊。

长平之战以秦国获胜而告终。战后,赵国元气大伤,再也无力单独和秦国全方位对抗。在这一战过后,战国的整个局势迅速发生转变,再也没有国家能够阻挡秦国的前进了。白起因此一战封神,从此白起"战神"的名号传遍了七国。

然而，在战场上运筹帷幄的战神白起没有想到，世间事并不总能掌握在自己手里。长平之战是白起人生的巅峰，也是其分水岭。

秦昭王四十八年（前259年），秦军再次平定上党郡（今山西东南部）。之后，秦军兵分两路，王龁攻下了皮牢，司马梗平定了太原。韩、赵两国十分害怕，就派苏代携带重金去游说秦丞相应侯，希望和秦国议和。苏代对应侯说："白起擒杀赵括了吗？"应侯回答说："是。"苏代又问："秦军即将围攻邯郸吗？"应侯回答说："是。"于是苏代说："赵国灭亡，秦王就要君临天下了，白起会做三公。白起为秦国攻占夺取的城邑有七十多座，南边平定了楚国的鄢、郢及汉中地区，在北方擒获了赵括的四十万大军，即使历史上赫赫有名的周公、召公和吕望的功勋也不能超过这些了。如果赵国灭亡，秦王君临天下，那么白起位居三公是定而无疑的，您能做他的下属吗？那时，即使您不甘心屈居下位，也已经不可能了。秦军曾进攻韩国，包围邢丘，围困上党，上党的百姓都转而归附赵国，天下人不乐意做秦国的百姓已很久了。如果把赵国灭掉，它北边的土地将落入燕国，东边的土地将并入齐国，南边的土地落入韩国、魏国，那么您得到的百姓也没多少了。所以不如趁着韩国、赵国惊恐之际让它们割让土地，不要让它都成为白起的功劳。"听了苏代这番话，应侯便向秦王进言道："秦国士兵太劳累了，请您应允韩国、赵国割让他们的土地来讲和，让我们的士兵得以休养。"秦王听从了应侯的意见，割取了韩国的垣雍和赵国的六座城邑便讲和了。次年正月，双方罢兵。白起听说了这件事，从此和应侯有了嫌隙。

同年九月，秦国再次发兵，派五大夫王陵攻打赵国邯郸。这时白起病了，不能出征。秦昭王四十九年正月，王陵进攻邯郸，没有进展，获利不大，秦国便增派部队帮助王陵。结果王陵部队损失了五个营。白起病好了，秦王打算派白起替代王陵统率部队。白起进言说："邯郸实在是不易攻下，而且诸侯国的援兵马上就要到了。那些诸侯对秦国的怨恨已经积蓄很久了。现在秦国虽然消灭了长平的赵军，但是秦军的伤亡也超过了一半，国内空虚。如果远行越过河山去争夺别人的国都，赵军在城里抵御，诸侯从外攻击，里应外合，内外夹击，必定能打败秦军。所以不可以攻打邯郸。"秦王亲自下令让白起前往，白起没有赴任；于是就派应侯去请他，但白起最后仍推辞不肯去，称病不起。

接着，便是噩梦的终结。

秦王派王龁代替王陵为将，八九月时围攻邯郸，没能攻下来。楚国派春申君同魏公子信陵君率领数十万大军攻击秦军，秦军损失很大。白起听了说道："秦王不听我的意见，现在怎么样？"秦王听到后，大怒，强行起用白起，白起就称病情严重。应侯又请他，仍是不赴任。于是秦王免去白起的官爵，把他贬为士兵，并让他迁到阴密。但白起患病，没有动身。过了三个月，诸侯联军攻击秦军更加紧急，秦军多次退却，每天都有信使报告失利情况。秦王于是派人遣发白起，不让他留在咸阳城里。白起已经上路，出咸阳西门十里，到了杜邮。秦昭王与应侯及群僚议论说："让白起迁出咸阳，他流露出不服气的样子，有怨言。"秦王就派遣人赐给他一把剑，让他自杀。白起拿着剑将要自刎时叹道："我做了什么得罪上天，竟落得这个结果？"过了很久，他又说："我本来就该死。长平之战，赵国降兵数十万人，我用欺诈之术把他们全活埋了，这足以致死罪了。"说完就自杀了。武安君白起死时，是秦昭王五十年十一月。因为白起不是死于他自己的罪过，所以秦国人都同情他，不论城里乡下，人们都祭祀他。

千古名将，不是战死沙场，却是死在宿敌的奸计上，死在了秦昭襄王的疑心上。而今，那把剑已被岁月侵蚀，昔日锋芒，只成青锈。

# 霍去病 / 英勇少年的英年早逝

要不是诗人王维在他的诗里写道"出身仕汉羽林郎,初随骠骑战渔阳。孰知不向边庭苦,纵死犹闻侠骨香",要不是词人辛弃疾在他的词里提到"元嘉草草,封狼居胥,赢得仓皇北顾。四十三年,望中犹记,烽火扬州路",恐怕我们都快要忘记他模糊的身影。即使年代久远,我们依旧能在千百年后,感受到霍去病三个字带来的滚烫热血,狼烟散去,拨开历史的尘埃,少年英雄风骨犹存。

霍去病出生在一个传奇的家庭。他的外祖母是平阳公主的侍婢卫媪,和平阳县吏郑季私通生下了他的舅舅——大将军卫青。而且这个侍婢还有几个孩子:长子长君,长女君孺,次女少儿即霍去病之母,三女子夫,子夫的弟弟步广,史书上说他们都是冒姓卫氏,我们其实应该感谢当时开放的社会风气并为平阳公主家的宽容感到庆幸,因为两位伟大的将军和一位大汉的皇后都是这个侍婢的后代。要是在程朱理学占上风的明清，别说出人头地，就是这几个人能不能活下来还都是一个问题。

霍去病的母亲是私生子，他本人也是一个私生子，他的生父霍仲孺当过平阳县小吏，因事常到平阳侯家，与其家侍婢卫少儿私通而生下霍去病。后来霍仲孺还家娶妻，生子霍光，遂与少儿断绝往来。霍去病的这位同父异母的弟弟也是汉朝历史上的一位名人。

霍仲孺不敢承认自己跟公主的女奴私通，于是霍去病只能以私生子的身份降世。作为父亲不敢承认的私生子，母亲又是个女奴，看起来霍去病是永无出头之日了，然而奇迹在后来却降临在这个家庭。

霍去病生于汉武帝建元元年（前140年），汉武帝刚登基，开始推行建元新政，但是这一切却好像离霍去病和他的家族很遥远。他们一家子都生活在平阳公主的府中，姨妈卫子夫是府中歌女，舅舅是骑奴。霍去病的命运基本上也会和舅舅一样，是平阳侯的家奴。但是在他十八岁时候，他们家族的命运彻底改变了。这一年，霍去病受到汉武帝宠爱，当了皇帝的侍中。

作为皇后和大将军的侄子，霍去病是除了皇族子弟以外最受宠信的外戚子弟了。作为汉武帝的侍中，他出入宫禁，侍从汉武帝，深受信任。他虽年少位尊，但精于骑射，为人少言寡语，胆气内藏，敢作敢为。汉武帝想教他兵法，他却答："顾方略何如耳，不至学古兵法。"

但是少年的梦想一直还在他的心头萦绕，因此他主动向汉武帝请战。汉武帝出于对这个外甥的喜爱，或者说是希望少年成才，答应了他的请求。在元朔六年（前123年）出击匈奴的时候，让霍去病上了战场，一代少年英雄从此鹰击长空，一段传奇就此展开。

这一年，汉武帝再次筹划了一场大规模的对匈反击战（历史上著名的漠南之战）。大将军卫青从定襄出击匈奴，接受汉武帝诏令；霍去病主动请缨，汉武帝遂封他为嫖姚校尉随军出征，以八百壮士为其部属。作为大将军的外甥和汉武帝的爱将，霍去病受到了很好的照顾。他本身就是羽林出身，羽林是汉朝的精锐部队，由陇西、天水、安定、北地、上郡、西河六郡良家子弟组建，为皇帝护卫，羽林即"如羽之疾，如林之多"的意思。此六郡都是在边地，民风彪悍，羽林郎皆善于骑射。霍去病的八百骠骑应该就是这些精锐。

这一年出征匈奴一共有两次，第一次是在二月，以合骑侯公孙敖为中将军，太仆公孙贺为左将军，翕侯赵信为前将军，卫尉苏建为右将军，郎中令李广为后将军，左内史李沮为强弩将军，斩首超过千人。第二次是在四月，卫青又率六将军从定襄出击，斩首万余人。但苏建、赵信率所部三千余骑逢匈奴单于所部大军，接战一日，汉军寡不敌众，死伤殆尽，赵信降匈奴。

在这次战役中，霍去病在没有任何实战和指挥经验的情况下，带领他的八百骠骑勇士径直抛开大军几百里，寻找有利的机会攻杀敌人。少年的心中没有害怕，没有惶恐，有的只是建功立业的雄心，以及不顾危险的豪迈。你可以说他年轻，初生牛犊不怕虎，但正是这种豪迈使少年成功了。

在茫茫大漠里奔驰数百里寻找敌人踪迹，结果他独创的"长途奔袭"遭遇战首战告捷。他在匈奴的腹地袭击了营地，杀死了匈奴相国和当户，杀死单于祖父一辈的籍若侯产，活捉单于叔父罗姑比，斩首2028人。这样的功劳在大军失利的衬托下更加耀眼，大喜过望的汉武帝立即将他封为"冠军侯"，赞叹他的勇冠三军。

霍去病年轻、骁勇，没有经验，能一战封侯确实有运气的成分。八百骁骑虽然悍勇，但大漠中敌我不明，极可能遭遇匈奴主力，被聚而歼之、血本无归，毕竟汉匈战争中这样的例子屡见不鲜，苏建等都有这样的经历，赵信也是在寡不敌众、部下将尽的情况下复归匈奴的。霍去病出发时并没有明确目标，基本是寻敌决斗，长途奔袭。打的是遭遇战、突袭战，勇则勇矣，实在是险到了极点。也许是上天垂青，战争要催生这样的一代名将，便不会让他湮灭在自己的处女战里，而是送了他一个大胜利。

但是此战对霍去病和整个汉军来说都意义重大，那就是长途奔袭战术小试锋芒便显示其巨大的威力。霍去病误打误撞，无意中走对了路、摸对了门，对于他这样的军事天才来说，一次胜利可以总结的地方太多了。从此以后，轻装简从、长途奔袭的战略思想成为霍去病的主要对敌战术，并在以后的战役中屡试不爽，成为克敌制胜的不二法门。

此战过后，霍去病横空出世，一位年方十八的少年从此成为称雄大漠的匈奴的克星。

在这次战役中投降匈奴的赵信，献计让单于远走漠北，等汉军远征疲惫，再击破之。单于听从了他的计策，远走漠北，所以两年内在汉朝的东北方没有什么战役。但是在汉朝的西北，年轻的将军霍去病又将掀起一次次的进攻浪潮。

元狩二年（前121年）春，就是霍去病上次初露锋芒的两年后，汉武帝又一次开始了对匈奴的进攻。这次出塞前，汉武帝封霍去病为骠骑将军，品级与大将军相等。他率领精骑一万人，从陇西（今甘肃临洮）出发，攻打匈奴。霍去病果然不负众望，长驱直入，势如破竹。这也正是汉武帝希望看到的正规大兵团作战的实例。他希望霍去病在这里能锻炼出自己的军事才能。

结果霍去病大获全胜，取得空前的成功。霍去病终于有机会完全按自己的战术思想单独指挥一支劲旅打一场漂亮的运动战了，在他之前恐怕没有哪一次战役，哪一个将领以这样的大兵团打过这样的大穿插、大迂回战。

霍去病六天中转战五国，长驱直入，高歌猛进。他集中优势兵力在连连攻破河西的五个部落后，避开浑邪、休屠二王的正面防御工事，悄悄沿焉支山（今甘肃山丹县东南）东急驰一千多里至皋兰山（今甘肃兰州市南），合短兵与卢侯、折兰二王鏖战于皋兰山下。而皋兰山一役则是双方真正的血与火的较量，生与死的拼杀。此战霍去病部毫无取巧之机，相反以少打多、以疲打逸，战斗打得异常残酷。虽然最后力斩卢侯、折兰二王，取得了战斗的胜利，但己方也损失惨重，一万人的队伍，最后回师时不足三千，可以想象当时战斗的惨烈程度。但霍去病顶住了对手反扑的凶猛气焰，以视死如归的大无畏精神和血战到底的决心带领全军前赴后继、奋勇拼杀，真正当得起其冠军侯的称号。

霍去病用兵灵活、随机应变、避实就虚、军无定式，不按常理出牌。在战争中屡出重拳，闪击制胜，打得匈奴人晕头转向，摸不着头脑。对于其神出鬼没的运动战，匈奴人很不适应，完全陷入被动挨打的局面。

经此一役，汉军内部真正认识了自己的实力，而匈奴也算是真正领教了汉军的悍勇。汉军打出了信心，打出了威风，此后不再惧怕以少攻多。虽然损失惨重，但经过这次血的洗礼的幸存者会成为抗匈的中坚力量。对于那些在生死边缘走过一遭又回来的勇士，应该已经没有什么能令他们害怕的了。

霍去病的军队从此树立起顽强、勇猛、奋不顾身的军风军威；并形成了进攻、进攻、再进攻，哪怕流尽最后一滴血，战至最后一兵一卒也绝不后退半步的强悍风格。而霍去病经过此次战役也奠定了其当朝第一勇将的地位，并且在军中以无可争议的事实树立起威信。至此，属下诚服，众人钦佩，其统兵的能力已无可置疑。

除了霍去病感到高兴外，另一个感到高兴的就当属汉武帝了，因为这是一场他久盼的胜利。他要用铁的事实告诉那些保守的大臣，主动出击，深入敌后，彻底击溃匈奴，将他们赶出大漠，才能永久解决汉匈边关之争。他感到自己宏图大业的目标很快就能实现了。至此，朝中保守的、反战的、主和的、冷眼旁观的诸口皆闭，无人再敢说三道四，长途奔袭的战略获得普遍认同。霍去病也成为汉军中的一代军人楷模、尚武精神的化身。

在这次战役后不久，就是在这年夏天，霍去病又一次领军出征。这次进攻中没有卫青的身影，又是四将军出塞，仿佛是卫青初立战功的元光六年的翻版。估计汉武帝是希望霍去病在这次出征中和他的舅舅卫青一样，能建立功勋，在军中树立起权威。

这次出塞的四位将军中，骠骑将军霍去病与合骑侯公孙敖都从北地出兵，分道进军；博望侯张骞、郎中令李广都从右北平出兵，分道进军。汉武帝给张骞和李广调拨了一万四千人，从汉武帝的意图来看，这次东北的作战是一次战略牵制，是为了西北的出击，目的是全力打击匈奴在西北的右贤王集团，以达到通西域的战略目的。

令人哭笑不得的是，公孙敖居然在大漠中迷了路，没有起到应有的助攻作用。而老将李广所部则被匈奴左贤王包围。霍去病遂再次孤军深入，并再次大胜。就在祁连山，霍去病所部斩敌三万余人，俘虏匈奴王爷五人及匈奴大小瘀氏、匈奴王子五十九人、相国将军当户都尉共计六十三人。

也许是老天眷顾着这个英武少年，在每次征战中，他的打法出奇，运气也特别好，精锐力量全部用在了刀刃上，每次不是抄了单于老窝，就是抓到大鱼。就连和他一起出征的舅舅卫青都盖不过他，飞将军李广也是望尘莫及。所有其他将领的好运气似乎全被这个二十岁不到的俊朗少年吸走了，他就像是大漠苍穹里肆意翱翔的雄鹰，洞穿一切，所有风吹草动俱在掌控之中。几次大战之后，匈奴元气大伤，老窝被抄个稀烂，西北边境几乎再也没有匈奴的残余势力进犯。从此，汉朝控制了河西地区。匈奴为此悲歌道："失我祁连山，使我六畜不蕃息；失我焉支山，使我妇女无颜色。"从此，汉军军威大振，而十九岁的霍去病更成了令匈奴人闻风丧胆的战神。

元狩四年，汉武帝同诸将商议说："翕侯赵信替匈奴单于出谋划策，总以为汉朝军队不能越过沙漠，尤其不敢在那儿轻易停留，现在如果派大军出击，势必能大功告成。"

这年春天，汉武帝命令大将军卫青、骠骑将军霍去病各率五万骑兵先行，数十万步兵和运输物资的部队紧随其后，那些敢于奋战深入的士兵都归霍去病统领。霍去病起初想要从定襄出兵，迎击单于。后来捕到的匈奴俘虏说单于向东而去，朝廷于是就改派霍去病从代郡（今河北蔚县）出兵，派大将军卫青从定襄（今内蒙古呼和浩特附近）出兵。郎中令李广做前将军，太仆公孙贺任左将军，主爵都尉赵食其任右将军，平阳侯曹襄任后将军，都隶属卫青统领。大军随即越过沙漠，共五万骑兵，和霍去病约定共同攻打单于。

卫青的军队与单于相遇，连夜追击二百余里，没有追到单于，俘获和斩杀敌兵一万多人，军队到了寘颜山的赵信城，缴获了匈奴囤积的粮草以供军队使用。汉军驻留一日后返回，并烧掉了城中剩余的粮草。

正当卫青同单于交战时，前将军李广和右将军赵食其的军队从东路进军，因为迷了路，没能如期同卫青会合。卫青领兵回到大漠以南时，才遇到他们。卫青想派使者回京报告天子，就命令长史根据文书所列罪状审问李广，李广自杀。右将军回京后，交到军法处审判，后来交了赎金，被贬为平民。卫青此次入塞，总共斩获匈奴兵一万九千人。

霍去病统率了五万骑兵，车辆辎重和卫青的相同，但没有副将，就任命李敢等为大校担任副将，从代郡、右北平出发一千多里，进攻左贤王的军队，所斩获匈奴的数目远远超过卫青。霍去病此次打败匈奴后，在原被匈奴所占的狼居胥山封神祭天。"封狼居胥"成为中国历史上的一个经典典故。

当卫青和霍去病率领大军出塞时，根据边塞上的统计，当时官府和私人马匹共十四万匹，当他们返回时，所剩不到三万。朝廷于是增设了大司马的职位，卫青和霍去病都获得大司马的头衔。并明确规定，霍去病的官阶和俸禄同卫青相等。从此，大将军卫青的地位日益衰落，而霍去病日益显贵。

就在汉武帝准备再次出兵匈奴之际，霍去病却因病离世，年仅二十四岁。这位伟大的少年将军就如流星一样从历史的舞台上消失了。汉武帝对霍去病的死非常悲伤。他调来铁甲军列成阵，沿长安一直排到茂陵霍去病墓地。他还下令将霍去病的坟墓修成祁连山的模样，彰显他力克匈奴的奇功，并封霍去病景桓侯。卫青在十年后去世，其坟冢很像匈奴境内的卢山。两山之中，是牢固的汉室江山。

霍去病好像就是为了打败匈奴而来到这个世界上的，在他短暂的一生中，十八岁第一次出塞，十九岁歇了一年，二十岁三出河西，春天的时候在河西走廊纵横了近四千里，带着一万人冲杀于匈奴各部，回来的路上更是在今兰州城西北郊的皋兰山跟匈奴两个部落王鏖战一场，一万人最后只剩下三千人，可以想见其战斗的激烈。稍事休整过后，又在夏天再次出塞，这一次在军事史上堪称经典的大迂回作战，让霍去病在沙漠戈壁中一路砍杀驱驰了近七千里路。在带着他的胜利之师浩浩荡荡地回到长安后不久，被他杀败的两个匈奴王就要求降汉，霍去病再次出河西迎降军。然后，二十一岁又休息了一年，二十二岁时做了一生中最后一次也是功勋最卓著的一次出征，带着五万骑兵，北向追杀匈奴左贤王部数千里，直至今贝加尔湖。

这位少年将军是和匈奴联系在一起的，从霍去病去世以后，汉武帝再没有发动对匈奴的大规模战略作战，少年将军好像把汉武帝一代对匈奴的仗都打完了，就完成了他在历史舞台的表演，从此不再出现。但是他永远以冷峻、傲岸、强悍的少年姿态留存于千古的记忆之中。他没有机会享受丰富的人生，却避开了他大多数亲戚和同僚们最后悲惨的下场：族灭、宫刑、失侯、弃市。汉武帝族灭卫氏外戚、汉宣帝族灭霍氏外戚时，都不再顾念这个少年曾经为帝国立下的功勋。霍去病因自己的早逝而画上了一个遗憾却又完美的句号。

"严风吹霜海草凋，筋干精坚胡马骄。汉家战士三十万，将军兼领霍嫖姚。流星白羽腰间插，剑花秋莲光出匣。天兵照雪下玉关，虏箭如沙射金甲。云龙风虎尽交回，太白入月敌可摧。敌可摧，旄头灭，履胡之肠涉胡血。悬胡青天上，埋胡紫塞傍。胡无人，汉道昌。"李白一首《胡无人》，让人于千载之后犹能想象出霍嫖姚的虎虎生气。连他墓前那石雕的骏马，也以其内蕴神韵的博大气魄而彪炳青史于不朽。"霍嫖姚"已成了英勇果敢、一往无前的代名词。这是一种境界，更是一种超越。人生如此，夫复何求？

霍去病生为奴子，长于绮罗，却从来不曾沉溺于富贵豪华，他将国家安危和建功立业放在一切之前。汉武帝为了奖励霍去病，特意为霍去病建造了一座豪华府第，但被霍去病断然谢绝。他对汉武帝言道："匈奴未灭，无以家为也！"短短九个字，斩钉截铁、掷地有声，充满了为国舍家的耿耿忠心和豪迈慷慨的英雄气概。不仅汉武帝当时听了大受感动，这震撼人心的九个字，也刻在历朝历代保家卫国将士们的心里。就是在两千年后的今天，也仍能让人热血沸腾。而霍去病也成了爱国将领的代表，受到历代人们的推崇。

对于其生父霍仲孺的态度，这位英才的表现也让我们大为赞叹。霍仲孺当初不愿做胎中霍去病的父亲，卫少儿也就从来不曾告诉过霍去病他自己的身世。在立下不世功勋之后，他终于知道了前因后果。就在成为骠骑将军之后，他来到了平阳（山西临汾），向当年抛弃了自己的父亲霍仲孺下跪道："去病早先不知道自己是大人之子，没有尽孝。"霍仲孺愧不敢应，回答说："老臣得托将军，此天力也。"随后，霍去病为从未尽过一天父亲之责的霍仲孺置办田宅，并将后母之子霍光带到长安栽培成才。

霍去病的一生虽只有短短的二十四载，但就像他那句熠熠生辉的名句"匈奴未灭，无以家为也"一样，这个早逝的英雄，将永远矗立在中华民族前行的历史中。千载之后，世人仍然遥想少年将军霍去病的绝世风采，为他的精神和智勇而倾倒，为他那不恋奢华保家卫国的壮志而热血沸腾。

"中天悬明月，令严夜寂寥。悲笳数声动，壮士惨不骄。借问大将谁？恐是霍嫖姚。"读杜甫这首《后出塞》，不禁让我们想起这样一个景象：广袤的朔漠静寂如磐，残月如钩，干冷干冷，奔袭千里的骑士和骏马已汗湿全身，直透重铠。人和马呼出的热气转眼凝成霜花飘落在马头，人面泛出片片银白，旌旗半卷犹散发着烽烟气息，将士们警觉的眼睛和矛戈在月色下光点闪闪。跨坐在西域汗血宝马上的霍去病面容沉毅……现在，只要骠骑将军扬眉剑出鞘，这严阵以待的数万铁骑就会如怒海惊涛，长驱千里势不可挡……

# 第三章 王朝波折中的身不由己

# 秦始皇 / 二世而亡的短暂辉煌

秦帝国是第一个具有世界意义的东方帝国，更是中华文明的根源，秦开创了一套不朽的文明体系，直到今天还在滋养华夏文明，生生不息。

从秦立诸侯国到帝国二世灭亡，绵延了将近五百年，秦帝国的建立汇聚了那个时代特有的强势生存精神，如大河奔流，气势磅礴。历史学家评价秦朝崛起的时代是一个"大毁灭、大创造、大沉沦、大兴亡"的时代。

整个秦朝崛起是英才辈出、圣主名臣交相辉映的熠熠星空。

秦始皇嬴政，是秦国庄襄王的儿子。庄襄王曾以秦昭王孙子的身份作为人质抵押在赵国，在那里看见吕不韦的妾，十分喜爱，就娶了她，生了始皇。秦始皇是秦昭王四十八年（前259年）在邯郸出生的。出生后，起名叫政，姓赵。十三岁时，庄襄王死,赵政代立为秦王。当时,秦国已兼并了巴、蜀、汉中,越过宛占有了郢,设立了南郡;向北攻占了上郡以东,设有河东、太原、上党郡;东到荥阳,灭了东西周,设置三川郡。吕不韦为相国,分封十万户,号为文信侯。他招揽宾客游士,想借此吞并天下。李斯为吕不韦舍人;蒙骜、王齮、麃公等为将军。秦王年纪小,又刚刚即位,所以把国事都交给大臣们处理。

秦王政元年,晋阳发生叛乱,将军蒙骜前去讨伐,平定了叛乱。二年,麃公率兵攻打卷邑,杀了三万人。三年,蒙骜攻韩,夺取了十三座城。王齮死。十月,将军蒙骜攻打魏国畼、有诡。这年是大饥荒年。四年,攻取了畼邑、有诡。三月,停止进军。秦国人质从赵国返国,赵国太子也从秦国回赵。十月,蝗虫从东方飞来,遮天蔽日。全国瘟疫流行。老百姓献上一千石粮食,授给爵位一级。五年,将军蒙骜攻打魏,酸枣、燕、虚、长平、雍丘、山阳城,全部攻克,夺取了二十座城,初步设置了东郡。六年,韩国、魏国、赵国、卫国、楚国一起进攻秦国,攻占了寿陵邑。秦国派出军队,五国停止了进军。秦国攻下卫国,逼近东郡,卫君率领他的宗族迁居到野王,凭借山势险阻,固守魏国的河内。七年,将军蒙骜战死。蒙骜当时正攻打龙、孤、庆都等城,后回军攻打汲时战死。不久夏太后死。八年,秦王弟长安君成蟜率领军队攻打赵国,在屯留爆发了造反,结果他手下的军官都被杀死,那里的百姓被迁往临洮。前来讨伐成蟜的将军战死了,屯留人士蒲鹬又造反,结果战死,死后还遭到了鞭戮尸体的酷刑。这年,黄河水灾,鱼大批漂上岸，人们乘车骑马到东方找食物吃。

嫪毐被封为长信侯，朝廷赐给他山阳的土地作为他的食邑。宫室、车马、衣服、园林、打猎都听凭嫪毐的意愿；事情无论大小全由嫪毐决定；又把河西太原郡改为嫪毐的封国。九年，秦国攻打魏国的垣、蒲阳。四月，秦王在雍留宿。己酉，秦王行冠礼，佩剑。长信侯嫪毐作乱被发觉，他冒用秦王印及太后印，征发京城军队及秦王卫队、官骑、戎翟首领及自己的家臣，想攻打蕲年宫。秦王得知后，命令相国昌平君、昌文君发兵攻击嫪毐。双方战于咸阳，秦军杀死数百人。对于有战功的，秦王都授给他们爵位，连同参战的宦官，也授给爵位一级。嫪毐等人战败逃走，秦王当即通令全国：如谁活捉到嫪毐，赐给赏钱一百万；杀掉他，赐给赏钱五十万。嫪毐等人全被捉到。卫尉竭、内史肆、佐弋竭、中大夫令齐等二十人都被斩首。嫪毐被车裂示众，灭了全族。他们的家臣，罪轻的也要罚为鬼薪劳役。还有四千余家被剥夺了官爵，迁徙到蜀郡，安置在房陵县。由于嫪毐与太后串通作乱，所以秦王把太后贬出宫，让她迁到雍地。这个月虽属初夏，但十分寒冷，竟然有冻死的人。秦派杨端和进攻衍氏邑。十年，相国吕不韦因受嫪毐牵连而被罢官。桓齮为将军。齐国和赵国派来使臣祝贺，秦王摆酒款待他们。齐国人茅焦劝秦王说："秦正以夺取天下为己任，而大王却有了贬谪母太后的名声，恐怕让各诸侯知道了，他们会因此背叛秦国。"秦王于是把太后从雍地接回咸阳，仍然让她住在甘泉宫中。

秦国大规模地进行搜捕，并驱逐从各诸侯国来到秦国的所有宾客。李斯上书劝说，秦王才废止了逐客令。李斯借机劝说秦王，建议首先攻取韩国，以此来恐吓其他国家。于是秦王派李斯去说降韩国。韩王为此而担忧，就跟韩非谋划削弱秦国。大梁人尉缭来到秦国，劝说秦王道："凭着秦国这样强大，诸侯就像郡县的首脑，当其各自为战时不堪一击；我只担心关东各国合纵，联合起来进行出其不意的袭击，这就是从前智伯、夫差、湣王所以灭亡的原因所在。希望大王不要吝惜财物，贿赂他们的大臣，以打乱他们的计谋，不过损失三十万金，诸侯们就能收拾殆尽了。"秦王听从了他的计谋，会见尉缭时以平等的礼节相待，自己穿的衣服和饮食也与尉缭一样。尉缭说："秦王这人，高鼻梁，长眼睛，鸷鸟一样的胸部，豺狼般的声音，缺少仁爱而有虎狼之心；穷困时容易谦卑对人，得志时也能轻易地吞掉别人。我是平头百姓，可他见我时却常待以上宾之礼。如果真使秦王一统天下，天下人都将成为他的奴仆。我不能跟他长久交往。"于是准备逃走。秦王发觉后极力挽留，让他当秦国的最高军事长官，且将他的计谋全部采用。此时正是李斯执掌国政。

十一年，主将王翦、次将桓齮、末将杨端和三军并为一军攻打赵国邺邑，没有攻下，只夺取了九座城邑。于是王翦就另外去攻打阏与、橑杨。此时，秦全国军马并为一军，由王翦统领。王翦统率全军的第十八天，让军中俸禄斗食以下的人，十人中推举二人留在军中，其他的回家。在夺取了邺、安阳后，由桓齮统领全军。十二年，文信侯吕不韦自杀身亡，被其宾客偷偷安葬在洛阳北邙山。秦王下令，对于他的家臣参加哭吊的，如是晋国人，就赶出国境；如是秦国人，俸禄在六百石以上的官吏剥夺爵位，流放到房陵（今湖北房县），俸禄在五百石以下而未参与哭吊的，也流放到房陵，但不剥夺爵位。从此以后，主持国事却不行正道，像嫪毐、吕不韦一样的，全部依此处理，全家收为奴隶。这年秋季，赦免了流放到蜀地的嫪毐的家臣，准许他们返回原籍。

十三年，桓齮带兵攻打赵国平阳邑，杀了赵将扈辄，斩首十万人。秦王到河南一带巡视。十月，桓齮再次攻打赵国。十四年，秦军在平阳攻击赵军，攻占了宜安，打败了赵国军队，杀死了赵国的将军。桓齮平定了平阳（今山西临汾一带）、武城（今河北武安）。韩非出使秦国，秦王采用李斯的计谋，扣留了韩非，韩非死在了云阳县。韩王只得向秦称臣。

十五年，秦国大举出兵，一支进攻邺县（今河北临漳），一支进攻太原，并攻占了狼孟（今山西境内）。十六年九月，秦国派兵接收了韩国的南阳邑，任命内史腾为代理南阳太守。这一年，开始命令全国男子登记年龄。魏国献地给秦国。秦设置丽邑。十七年，内史腾去攻打韩国，擒获了韩王安，收取了韩国的全部土地，并在那里设置了郡，命名为颍川郡（今河南禹州）。这年又发生了地震。华阳太后去世。人民遭受了大饥荒。

十八年，秦大举兴兵攻赵，王翦统率上地的军队，攻占了井陉。杨端和率领河内的军队，与羌瘣攻打赵国，杨端和包围了邯郸城。十九年，王翦、羌瘣等完全占领了赵国东阳地区，擒获了赵王。秦国又出兵准备攻打燕国，驻军中山。秦王到了邯郸，凡是曾经与秦王在赵国出生时的母家有仇的，全部被活埋。秦王返回，经由太原、上郡回到都城。秦始皇的母太后去世。赵公子嘉率领他的宗族几百人到达代地，自立为代王，并向东与燕国的军队会合，驻扎在上谷郡。这一年，秦国又发生了严重的大饥荒。

二十年，燕太子丹担心秦国军队打到燕国来，十分恐慌，派荆轲去刺杀秦王。秦王发现了，处荆轲以肢解之刑并示众，然后派遣王翦、辛胜率军攻打燕国。燕、代发兵攻打秦军，秦军在易水西面打败了燕军。二十一年，秦王派王贲去攻打楚国。秦王增派援兵到王翦军队中去，终于打败了燕太子的军队，攻占了燕国的蓟城，得到了燕太子丹的首级。燕王向东逃到辽东并在那里称王。王翦因老病辞官回家。新郑反叛。昌平君被迁到郢城。这一年秦国下了大雪，雪厚二尺五寸。

二十二年，秦王派王贲去攻打魏国，引汴河的水灌大梁城。大梁城的城墙塌坏，魏王请求投降，秦军取得了魏国的全部土地。

二十三年，秦王再次诏令征召王翦，强行起用他，派他去攻打楚国。秦军攻占了陈县以南直到平舆县的土地，俘虏了楚王。秦王巡游来到郢都和陈县。楚将项燕立昌平君为楚王，在淮河以南反抗秦国。二十四年，王翦、蒙武去攻打楚国，大败楚军，昌平君战死，于是项燕就自杀了。

二十五年，秦国再次大举进兵，派王贲为将领，攻打燕国的辽东郡，俘获了燕王喜。回来时又进攻代国，俘虏了代王赵嘉。这时楚国长江以南一带也被王翦平定了，而且降服了越族的首领，设置了会稽郡。五月，秦王下令特许天下之民欢聚宴饮。

二十六年，齐王田建和他的丞相后胜派军队驻守齐国西部边境，并和秦国断交。秦王派将军王贲经由燕国往南进攻齐国，俘获了齐王田建。

秦王政刚刚统一天下，便命令丞相、御史说："从前韩王交出土地献上印玺，请求做守卫边境的臣子，不久又背弃誓约，与赵国、魏国联合反叛秦国，所以派兵去讨伐他们，俘虏了韩国的国王。我认为很好，现在战争差不多要停止了。赵王派其相国李牧来与秦国商定盟约，所以我们放回了做人质的赵太子。但不久他们又违背盟约，在太原反叛我，所以我发兵诛灭了赵国，俘虏了赵王。赵公子嘉竟然自立为代王，所以我就派兵去灭了赵国。魏王起初已约定归服秦，不久却与韩国、赵国合谋袭击秦国，所以我派兵前去讨伐，终于打败了他们。楚王已经献出青阳以西的地盘，不久也背弃誓约，袭击我南郡，所以我派兵去讨伐，俘获了楚国的国王，终于平定了楚地。燕王昏乱，其太子丹就暗中派荆轲做刺客。所以我发兵征讨，灭了燕国。齐王采纳后胜的计谋，断绝与秦通使，想作乱。秦官兵征讨，俘虏了齐王，平定了齐国一带。我凭着这个渺小之身，兴兵诛讨暴乱，靠的是祖宗的神灵。六国国王都按他们的罪过受到了应有的惩罚，天下安定了。现在不改换名号，就无法彰显伟业，名传后世。请商议确定帝号。"丞相王绾、御史大夫冯劫、廷尉李斯等都说："从前五帝的土地纵横各千里，外面还划分有侯服、夷服等地区。诸侯有的朝见，有的不朝见，天子不能控制。现在您兴正义之师，讨伐四方残贼之人，平定了天下，在全国设置郡县，法令归于一统，自上古以来不曾有这样的局面，五帝都不如您。我们恭谨地跟博士们商议说：'古代有天皇、有地皇、有泰皇，泰皇最尊贵。'我们这些臣子冒死罪献上尊号，王称为'泰皇'；发政令称为'制书'，下命令称为'诏书'，天子自称为'朕'。"秦王说："去掉'泰'字，留下'皇'字，采用上古'帝'的位号，称为'皇帝'，其他的就按你们议论的办。"于是在奏书上写道："可以。"追尊庄襄王为太上皇。又下令说："朕听说上古有帝号无谥号；中古有帝号，死后根据生平事迹定谥号。这样的话，就等于是让儿子评议父亲，让臣子评议君主，很没有道理。我不赞成这种做法。从今以后，废除谥号。我就称'始皇帝'，后代就从我这儿开始，称二世、三世直到万世，永远相传，没有穷尽。"

秦始皇三十一年十二月，因为一首民谣说"帝若学之（指的是仙）腊嘉平"，秦始皇有求仙之志，所以把腊月改名为"嘉平"。为此，赐给每个里巷（一百户）六石米、两只羊。秦始皇由四名武士陪着夜里出门，在兰池遇到了强盗。情势紧迫，武士们击杀了强盗，在关中大规模搜捕了二十天。当时米价涨至每石一千六百钱。

秦始皇三十二年，秦始皇前往碣石山，派燕国人卢生访求仙人羡门、高誓。随即在碣石门刻写碑文。拆除城郭，决通堤防。刻文是：

"皇帝兴师用兵，诛灭无道之君，要把反叛平息。武力消灭暴徒，依法平反良民，民心全都归服。论功行赏众臣，惠泽施及牛马，皇恩遍布全国。皇帝振奋神威，以德兼并诸侯，天下统一太平。拆除城郭，决通河防，铲除险阻。地势已定，百姓没有徭役，天下安抚。男子高兴地务农，女子忙于家务，事各有序。皇恩覆盖百业，合力勤勉耕田，无不安居乐业。群臣敬颂伟业，敬请镌刻此石，留作后世楷模。"

秦始皇还派韩终、侯公、石生去寻求仙人不死之药。同年，秦始皇巡视北部边界，经由上郡返回京城。被派入海求仙的燕国人卢生回来了，献上了图谶之书，上面写道"灭亡秦朝的是胡"。秦始皇于是派将军蒙恬发兵三十万北上攻打胡人，夺取河套以南地区。

秦始皇三十三年，秦始皇征发那些曾经逃避徭役的犯人、倒插门的赘婿，以及商贩，去夺取南方的陆梁地区，在那儿设置桂林、象郡、南海三郡，派那些被贬谪的人去防守。同时，秦始皇还在西北边又驱逐了匈奴，从榆中沿黄河往东，直到阴山，设置三十四个县，并沿黄河修筑长城作为要塞。秦始皇又派蒙恬渡过黄河北取高阙、陶山、北假，并在这一带筑起堡垒以驱逐戎狄。秦始皇下令迁移被贬谪的人，让他们充实新设置的郡县，并禁止这些地区的人祭祀天地鬼神。

秦始皇三十四年，贬谪执法不正的官吏，他们中有的人被派去修筑长城，有的人被派去戍守南越地区。

秦始皇在咸阳宫摆设酒宴，七十位博士上前献酒颂祝寿辞。仆射周青臣走上前去颂扬说："以前秦国土地不过千里，全靠陛下神灵明圣，平定天下，赶走蛮夷，日月照及之处，无不臣服。改诸侯国为郡县，人人安居乐业，没有战争的祸患，天下万代相传。自上古以来，没人比得上陛下的威德。"秦始皇十分高兴。博士齐人淳于越进言说："我听说殷朝、周朝都统治天下一千多年，其之所以如此，是因为他们分封子弟功臣作为自己防御的屏障。如今陛下据有整个国家，而您的子弟却都是平民百姓，这样一旦以后出现像田常、六卿那样的叛臣，而陛下您孤立无援，如何镇压反叛呢？凡事不师法古人而能长久的，还没有听说过。刚才周青臣又当面奉承，以致加重陛下的过失，这样的人绝不是忠臣。"

秦始皇把他们的意见下交群臣议论。丞相李斯说："五帝的制度不是一代重复一代，夏、商、周的制度也不是一代因袭一代，可是都凭着各自的制度治理好了。这并不是他们故意要彼此相反，而是由于时代变了、情势不同了。现在陛下开创大业，建立了万代不朽的功业，本不是愚蠢的儒生所能理解的。而且淳于越说的是三代旧事，哪里值得效法呢？从前诸侯纷争，重金招徕游说之士。现在天下平定，法令出自陛下一人。百姓在家就应该致力于农工生产，读书人就应该学习法令刑禁。现在儒生们不学习今天的，却要效法古代的，以此来诽谤当世，惑乱民心。丞相李斯冒死罪进言：古代天下分散紊乱，没人能统一，因此诸侯群起，议论都是称道古代，非难当今，粉饰虚夸，以淆乱真实，人人欣赏自己私下学的知识，来非议圣上确立的制度。当今皇帝已统一天下，分辨是非黑白，一切决定于至尊皇帝一人。可是私学却一起非议法令，致使人们一听说有命令下达，就各自根据自己所学加以议论，入朝就在心里指责，出朝就去街巷谈议，在君主面前夸耀自己以求取名利，追求奇异说法以抬高自己，在民众当中带头制造谣言。像这样却不禁止，在明面上君主威势就会下降，在私下里朋党的势力就会形成。我认为禁止这些是合适的。我请求让史官把不是秦国的典籍全部焚毁；除博士官所执掌的外，天下有敢收藏《诗经》《尚书》和诸子百家著作的，都要交给地方官员一起烧掉；有敢相互一起谈论《诗经》《尚书》的处死；借古非今的满门抄斩；官吏如果知道而不举报，以同罪论处；命令下达三十天仍不烧书的，受黥刑，发配边疆，白天防寇，夜晚筑城；留下来不烧毁的只有医药、占卜、种植之类的书；如果有人想要学习法令，就以官吏为师。"秦始皇批示说："可以。"

秦始皇三十五年，开始修筑道路，经由九原一直修到云阳，削掉山峰填平河谷，使道路笔直贯通。这时秦始皇认为咸阳人口多，嫌先王宫廷窄小，听说周文王建都在丰，武王建都在镐，丰、镐两城之间，才是帝王的都城所在。于是在渭水南岸上林苑中建造朝宫。先建前殿于阿房，东西五百步，南北五十丈，上面可坐下一万人，下面可竖起五丈高的旗子。四周架有天桥可供驰走，从宫殿之下一直通到南山。在南山的顶峰修建门阙作为标志。又修造天桥，从阿房跨过渭水，与咸阳连接起来，以象征天上的北极星、阁道跨过银河抵达营室星。当时被征调前来修建的有受过宫刑、徒刑的七十多万人，他们中一半人修建阿房宫，一半人营建骊山。从北山开采来山石，从蜀地、荆地运来木料。关中共修建宫殿三百座，关外四百多座。于是在东海边朐山上立石，作为秦的东门。又把三万户迁到丽邑，五万户迁到云阳，凡是搬迁的免除他们十年的赋税和徭役。

卢生对秦始皇说，要寻神仙真人须做到清净无忧，皇上的居所行踪不可为别人所知。秦始皇于是下令将咸阳四周二百里内的二百七十座宫观都用天桥、甬道相互连接起来；把帷帐、钟鼓和美人都安置在里边，全部按照所登记的位置，不得移动。皇帝所到的地方，如有人说出去，就判死罪。有一次秦始皇到梁山宫，从山上望见丞相车马很多，觉得不好。宫中有人告知了丞相，丞相后来减少了车马。秦始皇知道后愤怒地说："这一定是宫中有人将我的话泄漏了出去。"他拷问身边的人，没有人认罪，于是他便下令将当时在场的人全部杀掉了。从此以后，再没有人知道皇帝的行踪。皇帝处理事务，群臣接受命令，一律在咸阳宫进行。

侯生、卢生一起商量说："始皇为人，天性粗暴凶狠、自以为是。他出身诸侯，兼并天下，诸事称心，为所欲为，认为从古到今没有人比得上他。他特别重用狱吏，狱吏得到宠幸。博士虽有七十人，只是凑数，并不任用。丞相和各位大臣都只是接受已经决定的命令，倚仗皇上办事。皇上喜欢用重刑、杀戮显示威严，官员们都怕获罪，都想保持住禄位，所以没有人敢真正竭诚尽忠。皇上听不到自己的过错，因而一天更比一天骄横。臣子们担心害怕，专事欺骗，屈从讨好。按照秦法，一人不能兼有两种方术，方术不灵验，立即处死。天下的事无论大小都由皇上决定，皇上甚至用秤来称量各种书写文件的竹简木简的重量，日夜都有定额，阅读达不到定额，就不能休息。他贪图权势到如此地步，咱们不能为他去找仙药。"于是就逃走了。秦始皇听说他们逃走了，就大怒道："我先前收缴了天下所有不适用的书，都烧掉了，我征召了大批文章博学之士和有各种技艺的方术之士，是想任用他们振兴太平。这些方士想要炼造仙丹，寻求奇药，现在却听说韩众不辞而别，徐市等花费以亿计算，始终没找到奇药，只是每天听到他们互相告发非法牟利。我对卢生等人很尊重，赏赐也十分优厚，他们如今竟然诽谤我，企图以此加重我的无德。这些人在咸阳，我派人去查问过，有的人竟妖言惑众，扰乱民心。"于是派御史去一一审查。这些人辗转告发，一个供出一个。秦始皇亲自把他们从名籍上除名，一共四百六十多人，全部活埋在咸阳，以儆效尤。就在这一年里，秦始皇征发更多的流放人员去戍守边疆。他的长子扶苏进谏说："天下刚刚平定，远方百姓还没有归附。儒生们诵读的都是孔子的书，他们都是以孔子为榜样为人处世。现在皇上一律用重刑来整治他们，我担心天下将会不安定，希望皇上明察。"秦始皇听了很生气，就派扶苏到北方的上郡，去给蒙恬做监军。

秦始皇三十六年，有颗陨星坠落在东郡，老百姓中有人在那块陨石上刻了"始皇帝死而土地分"几个字。秦始皇听说后，派御史去逐个审问，没人承认。于是把陨石附近的居民全部捉拿杀掉了，又销毁了那块石头。秦始皇不高兴，便让博士作《仙真人诗》，等到巡行天下时，每到一处就传令乐师弹奏唱歌。秋天，使者从关东走夜路经过华阴平舒道，有人手持玉璧拦住使者说："替我送给滈池君。"趁便说："今年祖龙死。"使者问他原因，那人忽然不见了，只留下了玉璧在地上。使者捧着玉璧把情况都报告了皇上。秦始皇默然良久，说："山里鬼怪不过只能预知一年内的事。"当时已是秋季，秦始皇认为今年的日子已不多，这话未必能应验。到退朝时他又说"祖龙不过指人的祖先"，故意把"祖"解释成祖先。祖先是已死去的人，因此"祖龙死"自然与他无关。秦始皇让御府察看那块玉璧，竟然是秦始皇二十八年出外巡视渡江时沉入江中的那块。于是秦始皇占卜，占得迁移吉利的一卦，便迁移三万户到北河榆中地区，每户授爵位一级。

"山雨欲来风满楼"，是秦始皇临死前中国社会的真实写照。当他客死在沙丘之后不久，陈胜、吴广所领导的农民起义就爆发了。起义的发生并不是偶然的，而是自秦始皇统一中国以来，所积累的社会矛盾的总爆发，是秦始皇暴政的必然结果。当初秦始皇兼并诸侯，一统中国，是顺应了历史发展的潮流，因为当时的中国长期分裂，久经战乱。春秋战国四百多年间诸侯争霸,合纵连横,天下扰扰,你方唱罢我登场,民心思治,民心思安。如果不经过长时期的休养生息,不经过长时期的恢复,社会是很难继续向前发展的。但是,秦始皇所实行的政策,却是反其道而行之,举全国之力,修建宫殿,修筑长城,开拓边疆,开辟驰道等,全然把新国家当作一个新的战场——全民参与、旷日持久的"土木工程"。早已经厌倦了战争的百姓,如今又参与到这一场更大的"战争"之中,除了反抗暴秦,他们似乎别无选择。

秦始皇三十七年(前210年),秦始皇进行最后一次巡游,同时也是他的"死亡巡游"。这次巡游,随行的有丞相李斯、中车府令赵高和始皇最喜欢的小儿子胡亥。返回途中,一向身体健康的秦始皇在平原津(今山东德州)突然病倒。到了沙丘(今河北平乡、广宗一带),病情非但没有好转,反而加重了。秦始皇知道自己将要不久于人世,这才慌了手脚,急忙命令李斯起草诏书,并将诏书和传国玉玺递送给长子扶苏,催促扶苏立即赶回咸阳,主持丧礼。当李斯草拟好诏书呈交秦始皇审阅时,秦始皇已经死了。之前,扶苏被派往边境的军队里做监军,和大将蒙恬一起抵御匈奴,此时仍未回来。

秦始皇死在了沙丘,只有随行的李斯、赵高和胡亥知道此事。他们心中各怀鬼胎,明争暗斗。李斯因秦始皇死在外地,生前又未立太子,唯恐引起天下大乱,所以决定秘不发丧。做过胡亥老师的赵高为了篡夺朝政大权,准备改立胡亥为秦朝的皇帝。因此,他不仅扣下秦始皇给扶苏的书信,竭力怂恿胡亥夺取王位，还以官禄权势为诱饵，对李斯进行威逼利诱。胡亥能够登上九五之尊，何乐而不为呢？李斯为了保全自己，终于失节妥协。于是，赵高开始一步一步地实施自己的阴谋。首先，他假造遗诏，指责扶苏在外不能立功，反而怨恨父皇，命令他自杀。接到诏书后，扶苏便自杀而死。接着，赵高将秦始皇的尸体放在车中，关上车门，拉上车帘，让百官以为秦始皇仍然活着，带领大队人马匆忙往咸阳赶去。路上，又出了点小小的插曲。因为天气炎热，尸体腐烂发臭。赵高派人弄来大批鲍鱼，命令每辆车上装鲍鱼一石，以混淆尸臭。终于安全抵达咸阳，赵高这才宣布发丧，并拥立胡亥为帝，是为秦二世。赵高拥立有功，从此把持朝政，横行无忌，就连胡亥也只能听从他的摆布。

胡亥即位后，跟赵高商议说："我年轻，刚即位，民心还未完全归顺。先帝巡视各郡县，以显示他的强大，以威势震服四海。我如果整天安然地住在皇宫而不出去巡游，会让人误会我软弱无能，无力统治天下。"于是在这年春天，秦二世也东行巡视郡县，李斯随驾同行。到达碣石山，沿海南行到达会稽，在秦始皇所立的石碑上都刻上字，碑石旁都增刻上随从大臣的名字，以使先帝的功业盛德更加显赫。

秦二世说："这些金石碑刻全是始皇帝竖立起来的。现在我承袭了皇帝名号，可是金石碑刻上不称始皇帝，以后年代久远了，就好像是后代子孙建造的，这样便不能彰显始皇帝的丰功伟业。"丞相李斯、冯去疾、御史大夫德冒死罪上奏说："我们请求把诏书全文刻在山石上，这样就可以使后人分辨清楚了。为臣冒死请求。"于是秦二世批复说："可以。"

接着队伍又巡行到了辽东，而后返回国都。

这时候，秦二世就按照赵高的建议，申明法令。他暗中与赵高谋划说："大臣们都不服从，官吏还很有势力，还有各位皇子一定要跟我争权，对这些我该怎么办呢？"赵高说："我本想说却没敢开口。先帝的大臣，都是天下世代有名望的贵人，积累功劳，世代相传。微臣赵高生来卑贱，如今幸蒙陛下抬举，让我身居高位，管理宫廷事务。大臣们并不满意，只是表面上服从，实际上心里不服。现在皇上出巡，何不借此机会查办郡县守尉中的有罪者，把他们杀掉？这样，在上可以使皇上的威严震慑天下，在下可以除掉皇上一向不满意的人。现在的时势不尚文治而倚赖武力，希望陛下赶紧顺从时势，不要犹豫，赶在群臣来不及谋划之时解决掉他们。英明的君主起用那些被遗弃不用的人，让卑贱的显贵起来，让贫穷的富裕起来，让疏远的变得亲近，这样就能上下团结、国家安定了。"秦二世说："好！"于是便诛杀大臣和公子们，用各种罪名连续逮捕近侍小官，中郎、外郎、散郎，无一幸存，六个皇子被杀死在杜县。又把公子将闾兄弟三人囚禁在内宫，议定他们的罪状。秦二世派使者命令将闾说："你们不尽臣道，应处死罪，狱吏来执法了。"将闾说："对于宫廷的礼节，我从来不敢不听从掌管司仪的宾赞；对于朝廷的位次，我从来不敢有失礼节；奉命对答时，我从来不敢说错话。怎么能说不尽臣道呢？希望能知道罪名再死。"使者说："我不能和你讨论这些，只知道奉命行事。"于是将闾仰天大喊道："天啊！我没有罪啊！"兄弟三人都流着眼泪拔剑自杀了。皇族的人都为之震惊恐慌。进谏的大臣们被认为是诽谤，大官们为保住禄位而屈从讨好，老百姓个个恐惧不已。

四月，秦二世回到咸阳，说："先帝认为咸阳的宫殿不够宽广，所以修建阿房宫，宫殿尚未建成，始皇帝就去世了，只得让修建的人停下来，人员都调到骊山去修陵墓。如今骊山修墓的工作已全部完毕，现在放下阿房宫而不把它建成，就是表明先帝办事有所失误。"于是又开始修建阿房宫。同时对外安抚四方的外族，遵循始皇帝的策略。接着，秦二世又征召了身强力壮的兵丁五万人守卫咸阳，下令教习射箭。由于咸阳一带聚集的人数太多，粮食不够吃，于是从下面各郡县征调粮食和饲料，而所有转运人员都必须自带干粮，不准吃咸阳三百里之内的粮食。整个国家的法令愈加严酷。

七月，戍卒陈胜等在原来的楚国之地造反，立国号为"张楚"，取张大楚国之意。陈胜自立为楚王，住在陈。他派将领四处夺取地盘。崤山函谷关以东的各郡县，年轻人因为受尽秦朝官吏之苦，都杀掉了他们的郡守、郡尉、县令、县丞，起来造反，以响应陈胜，并在各地相继拥立侯王，联合起来向西进攻，都打着讨伐秦朝的旗号，人数多得数也数不清。秦二世手下一个掌管传达通报的使者出使关东回来，把关东造反的情况报告了秦二世。秦二世发怒，把使者交狱吏治罪。以后的使者回来，皇上询问情况，都回答说："那不过是一群盗匪，郡守、郡尉正在追捕，现在全部抓获了，不值得担心。"秦二世听了很高兴。这时，武臣自立为赵王，魏咎自立为魏王，田儋自立为齐王，沛公在沛县起兵，项梁在会稽郡起兵。

秦二世二年冬天，陈胜派遣的大将周章等将领西进到达戏水，兵力有几十万。秦二世大为吃惊，跟群臣商议说："怎么办？"少府章邯说："盗匪已经来了，人数多势力强，现在征发附近各县的军队是来不及了。骊山徒役很多，请赦免他们，给予他们兵器去迎击起义军。"秦二世于是大赦天下，派章邯带兵，把周章的军队打得落荒而逃，并在曹阳杀了周章。接着秦二世又增派长史司马欣、董翳去协助章邯攻打起义军，在城父杀死了陈胜。随后又在定陶打败了项梁，在临济消灭了魏咎。眼看着楚地的盗匪名将都已被灭，章邯就向北渡过黄河，到巨鹿攻打赵王歇等人。

赵高劝说秦二世道："先帝登位治理天下时间长，所以群臣不敢做非分之事，不敢进言异端邪说。现在陛下正年轻，刚登皇位，怎么能跟公卿在朝廷上议决大事呢？事情如果有错误，就会让群臣看出自己的弱点。天子称'朕'，朕既然有征兆的意思，本来就是不让别人听到他的声音。"于是秦二世经常住在宫中，与赵高决定各种事情。从这以后，公卿们很少能见到秦二世。东方盗贼日益增多，而关中士兵也不断被征发去东方攻打盗贼。右丞相冯去疾、左丞相李斯、将军冯劫进谏道："关东各路盗贼纷纷而起，朝廷派兵前去诛讨，被杀死的和逃跑的人很多，然而还不能平息。盗贼之所以多都是因为戍边、运输、劳作的事情太劳苦，赋税太重的缘故。请皇上暂停阿房宫的修建，减少戍边兵役和运输徭役。"秦二世说："我曾听韩子说，'尧、舜用柞木做椽子，都不进行砍削加工；用芦苇茅草盖屋顶，都不修剪；吃饭用瓦碗，喝水用瓦罐。即使是看门人的供养，也不会比这再单薄了。禹开凿龙门，南通大夏，疏通黄河水，将其引入大海；他亲自手持杵和锹，小腿上的毛都磨光了，即使是奴隶的劳苦，也不比这更厉害。'作为一个拥有天下的统治者，他应该为所欲为，享有一切。做君主重要的是申明法令，这样，下面的人不敢干坏事，就能统治天下了。虞、夏的君主，地位尊贵，做了天子，却身处穷苦境地，为百姓做出牺牲，那还要法令干什么？我被天下称为万乘之主，拥有万辆兵车，身居万乘之高位，却没有万乘的实际。我要建造千乘之车驾，设立万乘之徒属，让实际跟我的名号相一致。当初，我们的先帝起自诸侯，统一天下，对外排除四方外族以安定边境，对内修建宫室以显示自己的成功。你们都看到了，先帝的功业井然有序，而我才即位两年的时间，盗贼就蜂拥而起，你们不能制止，反而想把先帝所要做的事情停下来。这样做，对上不能报答先帝，其次也表明你们对我不肯尽忠效力，你们还凭什么居此高位呢？"于是把冯去疾、李斯、冯劫交由法官处置，审讯追究三人的其他罪过。冯去疾、冯劫说："将相不能受侮辱。"于是自杀了。而李斯则接受囚禁，受尽了各种刑罚。

秦二世三年，章邯等率兵包围了巨鹿，楚国上将军项羽率领楚兵前去援救巨鹿。这年冬天，赵高担任丞相，最终判决杀了李斯。夏天，章邯等作战多次败退，秦二世派人责备章邯，章邯害怕，派长史司马欣回咸阳请求指示。赵高不见他，也不给消息。司马欣害怕了，赶紧逃离。赵高派人去追，没有追到。司马欣见到章邯说："赵高在朝廷总揽大权，将军您有功要被杀，无功也要被杀。"这时项羽加强了对秦军的进攻，俘虏了王离，章邯等人就率兵投降了项羽。八月十二日，赵高想要造反，但怕群臣不从，就先设下计谋进行试验。他带来一只鹿献给秦二世，说："这是一匹马。"秦二世笑着说："丞相搞错了，你把鹿当成了马。"赵高便问秦二世左右的大臣，左右大臣有的沉默，有的故意迎合赵高说是马，有的说是鹿。凡是当时说是鹿的，都被赵高在暗中假借法律陷害了。从此，大臣们都害怕赵高。

赵高以前曾多次说"关东的盗贼成不了什么气候"，但直到项羽俘虏了王离、章邯投降项羽时，燕、赵、齐、楚、韩、魏各地都已自立为王，从函谷关往东，几乎全部背叛了秦朝官吏而响应起义的诸侯都率兵西进。沛公率数万人已经杀进了武关，派人与赵高秘密联系。赵高害怕秦二世发怒，招来杀身之祸，于是称病不朝见。秦二世派人以起义军日益逼近的事谴责赵高。赵高恐惧不安，就暗中跟他的女婿咸阳县令阎乐、他的弟弟赵成商量说："皇上不听劝告，现在事情紧急了，想嫁祸于我家。我想另立皇上，改立公子子婴。子婴仁爱节俭，百姓都听他的话。"就安排郎中令做内应，谎称有大盗，命令阎乐召集官吏发兵追捕，又劫持了阎乐的母亲，安置到赵高府中当人质。赵高派阎乐带领官兵一千多人在望夷宫殿门前，捆绑了卫令仆射，喝问道："盗贼进了里面，为什么不阻止？"卫令说："皇宫周围警卫哨所都有卫兵防守，十分严密，盗贼怎么敢进入宫中？"阎乐就斩了卫令，带领官兵径直冲进去。他一边走一边射箭，宫中的郎官、宦官大为吃惊，有的逃跑、有的反抗，反抗的就被杀死，被杀死的有几十人。郎中令和阎乐一同冲进去，用箭射中了秦二世的帷帐。秦二世发怒，召唤左右卫士，卫士们都惊恐不敢搏斗。身旁只有一宦官，侍奉秦二世不敢离开。秦二世进内室，对他说："你为什么不早告诉我，盗贼作乱竟然到了现在这种地步！"宦官说："为臣不敢说，才得以保住性命。如果早说，我们这班人早都被您杀了，怎能活到今天？"阎乐走上前去历数秦二世的罪状说："你骄横放纵、随意杀人而不守天道，天下的人都背叛了你。怎么办你自己考虑吧！"秦二世说："我可以见见丞相吗？"阎乐说："不可以。"秦二世说："我希望得到一个郡，在那里称王。"阎乐仍不答应。又说："我希望做个万户侯。"还是不答应。秦二世又说："我愿意带着妻子儿女去做平民百姓，跟诸公子一样。"阎乐说："我是奉丞相之命，代天下人来诛杀你。现在你说这么多话，我不敢向丞相报告。"于是指挥士兵上前，秦二世只好自杀了。

　　阎乐回去禀报赵高，赵高就召来了所有的大臣和公子，把杀死秦二世的情况告诉了他们。赵高说："秦国本来是个诸侯国，始皇帝统治了天下，所以称帝。现在六国又各自立了王，秦国地盘越来越小，竟然还凭着个空名称皇帝。这不合适，应像过去一样称王才合适。"于是立秦二世哥哥的儿子子婴为秦王，按安葬百姓的规格把秦二世葬在杜南宜春苑中。赵高命子婴斋戒，到庙中参见祖先，接受秦王印玺。斋戒五天后，子婴跟他的两个儿子商议说："丞相赵高在望夷宫杀了秦二世，害怕大臣们杀他，就假装依照道义立我为王。我听说赵高暗中与楚国约定，灭掉秦宗室后他在关中称王。现在让我斋戒，朝见宗庙，这是想趁着我在庙里把我杀掉。我称病不去，丞相一定会亲自来，他来后就杀了他。"赵高多次派人去请子婴，子婴推辞不去，赵高果然亲自来了，说："国家大事，王为什么不去呢？"于是子婴乘机动手，在斋宫里杀了赵高，而后又下令杀死了赵高的三族，并拉着赵高的尸体在咸阳城里游街示众。

　　子婴做秦王四十六天，楚怀王的大将沛公刘邦已经打败秦军进入了武关，接着就到了灞上，派人去招降子婴。子婴用丝带系上脖子，驾着白车白马，捧着天子的印玺符节，在轵道亭旁投降。沛公于是进入咸阳，封好宫室府库，回去驻军灞上。过了一个多月，各起义诸侯的军队来到关中，项羽担任各军的首领。他杀了子婴和秦王室子弟及宗室的所有人，随后又屠戮咸阳，焚烧宫室，俘虏宫女，没收秦宫的珍宝财物，跟各路诸侯一起分了。灭秦之后，项羽把原来秦国的地盘分成三块，即"三秦"，分给章邯等三员降将，封他们为雍王、塞王、翟王。项羽自称西楚霸王，主持分割天下，赐封各路起义军的首领为王，秦朝就这样被灭了。五年之后，刘邦统一了天下。

　　"楚人一炬，可怜焦土"，燃烧了三个月的阿房宫，也同那些英雄和传奇一起，化为历史灰烬。

## 苏武 / 忠诚与坚忍的化身

　　十九年，天之苍苍，但芸芸众生又有多少个十九年？擎一支旄节，挥一挥羊鞭。虽饱经折磨，却宁死不屈，傲然站立在那孤独的土地上，苏武以十九年岁月书写着民族不屈的丹青。

　　苏武字子卿，年轻时，因为父亲职位的关系而被任用，兄弟都做了皇帝的侍从官。后来苏武做了汉宫栘园中管马厩的官。当时汉朝廷不断讨伐匈奴，多次互派使节彼此暗中侦察。匈奴扣留了汉使节郭吉、路充国等前后十余批。匈奴使节前来，汉朝廷也扣留了人。

　　天汉元年，且鞮刚刚立为单于，唯恐受到汉的袭击，于是说："汉皇帝，是我的长辈。"送还了汉朝廷使节路充国等人。汉武帝赞许他这种合乎情理的做法，于是派遣苏武以中郎将的身份出使，持旄节护送扣留在汉的匈奴使者回国，趁便送给单于很丰厚的礼物，以答谢他的好意。苏武同副中郎将张胜及临时委派的使臣属官常惠等,加上招募来的士卒、侦察人员一百多人一同前往。到了匈奴那里后,苏武备办了一些礼品送给单于。然而单于渐渐倨傲,不是汉朝廷所期望的那样。

匈奴正要派遣使者送苏武等人返汉的时候,适逢缑王与长水人虞常等人在匈奴内部谋反。缑王是昆邪王姐姐的儿子,与昆邪王一起降汉,后来又跟随浞野侯陷没在匈奴。他们与卫律所带领的那些被迫投降匈奴的人,暗中共同策划绑架单于的母亲阏氏归汉,正好碰上苏武等人到匈奴。虞常在汉的时候,一向与副使张胜有交往,见这次张胜也来了,便私下拜访张胜,说:"听说汉天子很怨恨卫律,我虞常能为汉朝廷埋伏弩弓将他射死。我的母亲与弟弟都在汉,希望得到皇帝的赏赐。"张胜许诺了他,把财物送给了虞常。

一个多月后,单于外出打猎,只有阏氏和单于的子弟在家。虞常等七十余人将要起事,其中一人夜晚逃走,告发了这件事。单于子弟发兵与他们交战,缑王等都战死,虞常被活捉。单于派卫律审理这一案件。张胜听到这个消息,担心他和虞常私下所说的那些话被揭发,便把事情经过告诉了苏武。苏武说:"事情到了如此地步,一定会牵连到我们。我受到侮辱才去死,更对不起国家!"因此想自杀。张胜、常惠一起制止了他。虞常果然供出了张胜。单于大怒,召集许多贵族前来商议,想杀掉汉使者。左伊秩訾说:"谋反未遂就要杀掉他们,假如是谋杀单于,又该用什么更严的刑法呢?应当都叫他们投降。"单于派卫律召唤苏武来受审讯。苏武对常惠说:"丧失气节、玷辱使命，即使活着，还有什么脸面回到家乡去呢！"说着拔出佩带的刀自刎，卫律大吃一惊，赶紧上前抱住、扶好苏武，派人骑快马去找医生。医生在地上挖了一个坑，在坑中点燃微火，然后把苏武脸朝下放在坑上，轻敲他的背部。苏武本来已经断了气，这样过了好半天才恢复气息。常惠等人哭泣着，用车子把苏武抬回营帐。单于认为苏武的气节值得敬佩，早晚派人探望、问候苏武，而把张胜逮捕监禁起来。

苏武的伤势逐渐好了。单于派使者通知苏武一起来审处虞常，想借这个机会使苏武投降。剑斩虞常后，卫律说："汉使张胜，谋杀单于亲近的大臣，判处死罪。单于招降的人，赦免他们的罪。"举剑要击杀张胜，张胜请求投降。卫律对苏武说："副使有罪，应该连坐到你。"苏武说："我本来就没有参与谋划，又不是他的亲属，怎么谈得上连坐？"卫律又举剑对准苏武，苏武岿然不动。卫律说："苏君，我卫律以前背弃汉廷，归顺匈奴，幸运地受到单于的大恩，赐我爵号，让我称王；拥有奴隶数万、马和其他牲畜满山，如此富贵！苏君你今日投降，明日也是这样。白白地用身体给草地做肥料，又有谁知道你呢？"苏武毫无反应。卫律说："你通过我而投降，我与你结为兄弟；今天不听我的安排，以后再想见我，还能得到机会吗？"

苏武痛骂卫律说："你做人家的臣下，不顾及恩德义理，背叛皇上、抛弃亲人，在异族那里做投降的奴隶，我为什么要见你！况且单于信任你，让你决定别人的死活，而你却居心不平，不主持公道，反而想要让汉皇帝和匈奴单于二主相斗，旁观两国的灾祸和损失！南越王杀汉使者，结果九郡被平定。宛王杀汉使者，自己头颅被悬挂在宫殿的北门。朝鲜王杀汉使者，随即被讨平。唯独匈奴未受惩罚。你明知道我决不会投降，想要使汉和匈奴互相攻打。那么匈奴的灾祸，将从杀死我苏武开始了！"卫律知道苏武终究不可胁迫投降，报告了单于。单于越发想要让他投降，就把苏武囚禁起来，放在大地穴里面，不给他喝的、吃的。天下雪，苏武卧着嚼雪，连同毡毛一起吞下充饥，几日不死。匈奴认为这是神在帮他，就把苏武迁移到北海边没有人的地方，让他放牧公羊，公羊生了小羊才能回来。分开他的随从官吏常惠等人，分别投放到另外的地方。

雪吹过无尽的草原。苏武孤独的身影，在风中屹立。

苏武迁移到北海后，公家发给的粮食不来，他就掘野鼠、收草实来吃。他挂着汉朝的旄节牧羊，睡觉、起来都拿着，以致系在节上的牦牛尾毛全部脱尽。一共过了五六年，单于的弟弟於靬王到北海上打猎。苏武擅长结网和纺制系在箭尾的丝绳，矫正弓弩，於靬王颇器重他，供给他衣服、食品。三年多过后，於靬王得病，赐给苏武马匹和牲畜、盛酒酪的瓦器、圆顶的毡帐篷。於靬王死后，他的部下也都迁离。这年冬天，丁令部落盗去了苏武的牛羊，苏武又陷入穷困。

当初，苏武与李陵都为侍中。苏武出使匈奴的第二年，李陵投降匈奴，不敢访求苏武。时间一久，单于派遣李陵去北海,为苏武安排了酒宴和歌舞。李陵趁机对苏武说:"单于听说我与你交情一向深厚,所以派我来劝说足下,愿谦诚地相待你。你终究不能回归本朝了,白白地在荒无人烟的地方受苦,你对汉朝廷的信义又怎能有所表现呢?以前你的大哥苏嘉做奉车都尉,跟随皇上到雍棫阳宫,扶着皇帝的车驾下殿阶,碰到柱子,折断了车辕,被定为大不敬的罪,用剑自杀了,只不过赐钱二百万用以下葬。你弟弟孺卿跟随皇上去祭祀河东土神,骑着马的宦官与宫中掌管车辇马匹的官争船,掌管车辇马匹的官被推下去,掉到河中淹死了,骑着马的宦官逃走了。皇上命令孺卿去追捕,他抓不到,因害怕而服毒自杀。我离开长安的时候,你的母亲已去世,是我送葬到阳陵。你的夫人年纪还轻,听说已改嫁了,家中只有两个妹妹,两个女儿和一个男孩,如今又过了十多年,生死不知。人生像早晨的露水,你何必长久地像这样折磨自己!我刚投降时,精神恍惚,几乎要发狂,自己痛心对不起汉朝廷,加上老母拘禁在保宫,你不想投降的心情,怎能超过当时的我呢!并且皇上年纪大了,法令随时变更,大臣无罪而全家被杀的有几十家,安危不可预料。你还打算为谁守节呢?希望你听从我的劝告,不要再说什么了!"

苏武说:"我苏武父子无功劳和恩德,都是皇帝栽培提拔起来的,官职升到列将,爵位封为通侯,兄弟三人都是皇帝的亲近之臣,常常愿意为朝廷牺牲一切。现在得到牺牲自己以效忠国家的机会,即使受到斧钺和汤镬这样的极刑,我也心甘情愿。大臣侍奉君王，就像儿子侍奉父亲，儿子为父亲而死，没有什么可遗憾的，希望你不要再说了！"

李陵与苏武共饮了几天，又说："你一定要听从我的话。"苏武回答李陵说："我料定自己已经是死去的人了！您若一定要逼迫我投降，那么就请结束今天的欢乐，让我死在你的面前！"李陵见苏武对朝廷如此真诚，慨然长叹道："啊，义士！我李陵与卫律罪孽深重，无以复加！"于是眼泪直流，浸湿了衣襟，告别苏武而去。李陵不好意思亲自送礼物给苏武，便让他的妻子赐给苏武几十头牛羊。

后来李陵又到北海，对苏武说："边界上抓住了一个云中郡的俘虏，说太守以下的官吏百姓都穿白的丧服，说是皇上死了。"苏武听到这个消息，面向南方放声大哭，吐血，每天早晚哭吊达几个月之久。

汉昭帝登位，几年后，匈奴和汉达成和议。汉朝廷寻求苏武等人，匈奴撒谎说苏武已死。后来汉使者又到匈奴，常惠请求看守他的人同他一起去，在夜晚见到了汉使，原原本本地述说了几年来在匈奴的情况。常惠告诉汉使，要他对单于说："天子在上林苑中射猎，射得一只大雁，脚上系着帛书，上面说苏武等人在北海。"汉使万分高兴，按照常惠所教的话去责备单于。单于看着身边的人十分惊讶，对汉使怀有歉意地说："苏武等人的确还活着。"于是李陵安排酒筵向苏武祝贺，说："今天你还归，在匈奴中扬名，在汉皇族中功绩显赫。即使古代史书所记载的事迹，图画所绘的人物，又怎能超过你！

我李陵虽然无能和胆怯，假如汉廷姑且宽恕我的罪过，不杀我的老母，使我能实现在奇耻大辱下积蓄已久的志愿，这就同曹沫在柯邑订盟差不多。这是我一直不能忘记的！逮捕杀戮我的全家，成为当世的奇耻大辱，我还再顾念什么呢？算了吧，让你了解我的心罢了！我已成异国之人，这一别就永远隔绝了！"李陵起舞，唱道："走过万里行程啊穿过了沙漠，为君王带兵啊奋战匈奴。归路断绝啊刀箭毁坏，兵士们全部死亡啊我的名声已败坏。老母已死，虽想报恩何处归！"李陵的眼泪流下数行，于是同苏武永别。单于召集苏武的部下，除了以前已经投降和死亡的，总共跟随苏武回来的有九人。

苏武于汉昭帝始元六年春回到长安。汉昭帝下令叫苏武带一份祭品去拜谒武帝的陵墓和祠庙。任命苏武做典属国，俸禄二千石；赐钱二百万，官田二顷，住宅一处。常惠、徐圣、赵终根都任命为皇帝的侍卫官，赐给丝绸各二百匹。其余六人年纪大了，便准许回家，赐钱每人十万，终身免除徭役。常惠后来做到右将军，封为列侯。苏武被扣在匈奴共十九年，当初壮年出使，等到回来，胡须头发全都白了。

苏武归汉第二年，上官桀的儿子上官安与桑弘羊及燕王、盖主谋反，苏武的儿子苏元因参与上官安的阴谋而被处死。起初，上官桀、上官安与大将军霍光争权，上官桀父子屡次把霍光的过失记下交给燕王，让燕王上书给皇帝，告发霍光。又说苏武出使匈奴二十年，没有投降，回到汉廷后，只做典属国；而大将军属下的长史官并无功劳，却被提升为搜粟都尉，这说明霍光专权放肆。等到燕王等人因谋反被杀后，朝廷追查处治同谋的人，因为苏武一向与上官桀、桑弘羊有旧交，燕王又因苏武功高而官小数次上书替他抱不平，苏武的儿子又参与了谋反，所以主管刑狱的官员上书请求逮捕苏武。霍光把刑狱官的奏章搁置起来，只免去了苏武的官职。

过了几年，汉昭帝死了。苏武以从前任二千石官的身份，参与了谋立汉宣帝的计划，赐封爵位关内侯，食邑三百户。过了很久，卫将军张安世推荐说苏武通达熟悉朝章典故，出使不辱君命，汉昭帝遗言曾讲到苏武的这两点长处，因此汉宣帝召来苏武在宦者令的衙门听候宣召。多次进见，又做了右曹典属国。因苏武是节操显著的老臣，只令他每月的初一和十五两日入朝，尊称他为德高望重的"祭酒"，非常优宠他。苏武把所得的赏赐，全部施送给弟弟苏贤和过去的邻里朋友，自己家中不留一点财物。皇后的父亲平恩侯、汉宣帝的舅舅平昌侯和乐昌侯、车骑将军韩增、丞相魏相、御史大夫丙吉，都很敬重苏武。

苏武年老了，他的儿子以前被处死，皇帝怜悯他，便问左右的人："苏武在匈奴很久，有儿子吗？"苏武通过平恩侯向汉宣帝陈述："以前在匈奴发配时，娶的匈奴妇人正好生了一个儿子，名字叫通国，有消息传来，因此想通过汉使者送去金银、丝绸，把男孩赎回来。"皇帝答应了。后来通国随汉使者回到了汉朝，皇帝让他做了郎官，又让苏武弟弟的儿子做了右曹。苏武活到八十多岁，汉宣帝神爵二年病亡。

英烈千秋，忠魂不灭。目光所及，尽是光明。

# 第四章 美丽与忠诚的牺牲

# 王昭君 / 离别长安的凄美传说

很多年后,当王昭君坐在塞北的荒原里,她一定会回想起那个面见汉元帝的午后。

王昭君,西汉人。传说两千多年前,在长江西陵峡秭归县宝坪村,住了个叫王忠的庄稼人,这个庄稼人因为一直没有孩子,便到附近的屈原庙进香许愿,祈求得到一个像屈原那样忠于国家、热爱人民的后代。结果真的很灵验,八月十五夜里,他的妻子梦见一轮明月投入怀中,不久便生下一个比天仙还标致的姑娘,这就是王昭君。王昭君从小聪明伶俐,勤奋好学,心地善良,特别喜欢望月吟唱。

后来汉元帝挑选天下美女做后妃,王昭君被选中。王昭君到京城长安后,和其他被选的秀女一样,先到画师毛延寿那儿画像。有的美女为了得到皇帝的宠爱,重金贿赂毛画师,画师就将她们画得美貌非凡。王昭君没有这么做。"都说皇帝看重容貌，我却希望他更爱我的品行。"王昭君心想。王昭君没有给毛画师金银财宝，毛画师就有意在王昭君眼睛下面点了一点，结果王昭君没能入汉元帝法眼，寂寞于后宫。

　与王昭君一起入宫的有个傅宫女，曾经贿赂毛延寿而被画得很美，被汉元帝封为昭仪，傅昭仪在做宫女时就知道王昭君擅琵琶，就让王昭君来演唱，王昭君对此十分愤慨，告诉傅昭仪，天时不正，琵琶弦涩，无法奉命，虽傅昭仪将王昭君杖责八十，也无法令王昭君屈服，只能作罢。

　几年之后，已归降汉朝的南匈奴首领呼韩邪单于入京朝贡，以尽藩臣之礼，并请求做汉朝的女婿，汉元帝遂选宫女赐之。临行前，汉元帝召见王昭君，一见面就惊呆了，如此美丽的人，我怎么没有发现呢！一席谈话，更觉王昭君才智过人，整个后宫无人可及。而天子又难于失信。

　于是，在那个群臣欢宴的午后，汉元帝送走了王昭君。

　王昭君出塞，换来了五十年的和平。

　送走王昭君后，汉元帝立即翻看美人画册，终于在不起眼的地方找到了。细细一看，原来昭君眼下多了一个疵点，掩盖了昭君的美貌。皇帝大怒，下令将那个弄虚作假的画师毛延寿杀了。

　路上，王昭君回望了一眼长安，没有人知道她是否流下了眼泪。后来，我们知道的是，王昭君毅然告别故土，登程北去。北方的天气与长安不同，一路上黄沙滚滚、马嘶雁鸣，不知怎么的，王昭君心烦意乱，仿佛有什么堵在胸口。于是王昭君于马上弹奏《琵琶怨》。凄婉悦耳的琴声，美艳动人的女子，使南飞的大雁忘记了摆动翅膀，纷纷跌落于平沙之上，落雁便由此成为王昭君的雅称。

王昭君在匈奴的生活没有明确的记载，但想来对于一个中原女子而言，是比较难受的，毕竟她原本是温室里的花朵，陡然进入胡地，要经历游牧民族的居无定所，定会水土不服。

不过最折磨她的还是思乡之情，她写过一篇《怨词》：翩翩之燕，远集西羌，高山峨峨，河水泱泱。父兮母兮，进阻且长，呜呼哀哉！忧心恻伤。

幸运的是，呼韩邪单于对她很好。王昭君逐渐适应了这种生活，还为丈夫生育了一个儿子，取名为伊屠智伢师，封为右日逐王。

然而，幸福的日子没有过太久。公元前31年，也就是王昭君来到匈奴的第三个年头，呼韩邪单于因病去世，离开了王昭君。王昭君随即上书西汉朝廷，希望自己能够回到中原。那时候，汉元帝刚刚去世，继位的皇帝是汉成帝。汉成帝命令王昭君要遵守匈奴的风俗习惯。

匈奴的风俗习惯是什么呢？原来，在北方游牧民族地区，一直保存着收继婚制度，即"父死，妻其后母；兄弟死，皆取其妻妻之"。按照这个制度，当父亲死后，母亲为嫡子所娶；当兄长死后，嫂子由弟弟所娶。

呼韩邪单于的长子叫铢娄渠堂，被封为右贤王，在公元前53年送入西汉朝廷。因此，当呼韩邪单于死后，次子雕陶莫皋继承了王位，封号为复株累单于。复株累单于不但继承了父亲的王位，还收纳了父亲的王后王昭君。时年二十三岁的王昭君便嫁给了复株累单于。

接下来，王昭君与复株累单于生活了十一年。其间，王昭君为丈夫生育了两个女儿，分别叫须卜居次、当于居次（居次是公主的意思）。

复株累单于是一个雄才大略的君主。他虽然只当了十一年单于，但做出了大量影响深远的事情，比如继续与西汉保持友好往来关系，在边塞地区开放贸易，让匈奴在历史上第一次以商品交易取代野蛮掠夺。然而，复株累单于的寿命比父亲还短，于公元前20年英年早逝，只活了三十七岁。

王昭君第二次丧夫时，年仅三十四岁。

这时候，王昭君早已断绝了回到中原的念想。对于自己的命运，她没有任何主宰的权利。

复株累单于去世后，王位传给了呼韩邪单于的第三子、复株累单于的弟弟且糜胥，封号为搜谐若鞮单于。与王位一起传授的，当然还有王昭君。于是，王昭君第三次出嫁，嫁给了小叔子搜谐若鞮单于，而不是呼韩邪单于的孙子。

一年后的公元前19年，王昭君病逝，结束了短暂的一生，时年三十五岁。王昭君生育的一子二女，儿子死于权力斗争，长女须卜居次被王莽接回西汉服侍王太后，次女当于居次嫁给了醯椟王。

这便是王昭君的传说，或者说历史。人们在王昭君身上寄托了太多东西，以至于分不清历史和现实了。

"昭君拂玉鞍，上马啼红颊。今日汉宫人，明朝胡地妾。"李白曾为她写诗。

"汉使南还尽，胡中妾独存。紫台绵望绝，秋草不堪论。"崔国辅曾为她写诗。

"仙娥今下嫁，骄子自同和。剑戟归田尽，牛羊绕塞多。"张仲素曾为她写诗。

据统计，古往今来反映王昭君的诗歌有七百多首，与之有关的戏曲、小说近四十种，写过昭君事迹的著名作者五百多人。清光绪年间，永康胡凤丹辑录为《青冢志》十二卷，收集王昭君相关诗歌五百零三首。

## 第四章 美丽与忠诚的牺牲

## 文成公主／遥远高原上的悲情

唐贞观十五年（641年）正月，文成公主穿着华丽的服饰，坐在精美的马车上，头上的华冠遮挡了姣好的面容。"最后再回望一眼长安吧，"文成公主心想，"这可能是我这辈子最后一次见到长安了。"

文成公主，汉名无记载，其父史书也未记载，多猜测为江夏郡王李道宗。李道宗是唐高祖李渊的堂侄，因战功被封为任城王。

唐贞观八年（634年），吐蕃赞普松赞干布遣使大唐，唐太宗遣行人冯德遐出使吐蕃。松赞干布再次派人到唐朝，提出要娶一位唐朝公主，遭到唐太宗的拒绝。由于当时吐谷浑王诺曷钵入唐朝见，吐蕃特使回来后便告诉松赞干布，声称唐朝拒绝这个婚约是由于吐谷浑王从中作梗。

唐贞观十二年（638年），松赞干布遂借口吐谷浑从中作梗，出兵击败吐谷浑、党项、白兰羌，直逼唐朝松州（今四川松潘），扬言若不和亲，便率兵大举入侵唐朝。牛进达率领唐军先锋部队击败了吐蕃军，松赞干布大惧，在唐将侯君集率领的唐军主力到达前，退出吐谷浑、党项、白兰羌，遣使谢罪，再次请婚，派噶尔·东赞携黄金五千两及相等数量的其他珍宝来正式下聘礼。

关于这段历史，还有一段传说故事。

640年，噶尔·东赞携带众多的黄金、珠宝等，率领求婚使团，前往唐都长安请婚。不料，天竺、大食、仲格萨尔以及霍尔王等同时也派了使者求婚，他们均希望能迎回贤惠的文成公主做自己国王的妃子。为此，唐太宗李世民非常为难，为了公平合理，他决定让婚使们比赛智慧，谁胜利了，便可把公主迎去，这便是历史上的"六试婚使"（又称"六难婚使"），拉萨大昭寺和布达拉宫内至今完好地保存着描绘这一故事的壁画。

第一试：绫缎穿九曲明珠，即将一根柔软的绫缎穿过明珠（有说汉玉）的九曲孔眼。比赛开始，由于吐蕃以外的使臣们有势力，所以他们抢先取去，绞尽脑汁，怎奈多次尝试都没有穿过去。而聪慧的噶尔·东赞坐在一棵大树下想主意，偶然发现一只大蚂蚁，于是他灵机一动，找来一根丝线，将丝线的一头系在蚂蚁的腰上，另一头则缝在绫缎上。在九曲孔眼的端头抹上蜂蜜，把蚂蚁放在另一边，蚂蚁闻到蜂蜜的香味，再借助噶尔·东赞吹气的力量，便带着丝线，顺着弯曲的小孔，缓缓地从另一边爬了出来，绫缎也就随着丝线从九曲明珠中穿过。

　　第二试：辨认一百匹母马和一百匹马驹的母子关系。比赛开始，但见各位婚使轮流辨认，有的按毛色区分，有的照老幼搭配，有的则以高矮相比，然而都弄错了。最后轮到噶尔·东赞了，得到马夫的指教，他把所有的母马和马驹分开关着，一天之中，只给马驹投料，不给水喝。次日，当众马驹被放回马族之中，它们口渴难忍，很快都找到了各自的母亲吃奶，由此便轻而易举地辨认出它们的母子关系。紧接着，唐太宗李世民又出题，让指认百只雏鸡与百只母鸡的母子关系。这件事又把其他婚使难住了，谁也指认不清。噶尔·东赞便把鸡群赶到广场上，撒了很多饲料，母鸡一见吃食，就"咯、咯、咯"地叫唤小鸡来吃，只见大多数小鸡跑到自己妈妈的颈下啄食去了。但是仍有一些顽皮的小鸡不听呼唤，各自东奔西跑地去抢食，于是噶尔·东赞学起鹞鹰的叫声，雏鸡听见，信以为真，急忙钻到各自母亲的翅膀下藏起来，母鸡与雏鸡的关系便被确认出来。

　　第三试：规定百名求婚使者一日内喝完一百坛酒，吃完一百只羊，还要把羊皮鞣好。比赛开始，别的使者和随从匆匆忙忙地把羊宰了，弃得满地又是毛，又是血；接着大碗地喝酒，大口地吃肉，肉还没吃完，人已酩酊大醉，哪里还顾得上鞣羊皮。噶尔·东赞则让跟从的一百名骑士排成队杀了羊，并按顺序一面小口小口地咂酒，小块小块地吃肉，一面鞣皮子，边吃边喝边干边消化，不到一天的工夫，吐蕃的使臣们就把酒喝完了，肉吃净了，皮子也鞣好了。

第四试：唐皇交给使臣们松木一百段，让他们分辨其根和梢。噶尔·东赞遂令人将木头全部运到河边，投入水中。木头根部略重沉入水中，而树梢那边较轻浮在水面，木头根梢显而易见。

第五试：夜晚出入皇宫不迷路（也有说是辨认京师万祥门内的门）。一天晚上，宫中突然擂响大鼓，皇帝传召各路使者赴宫中商量事情。到了皇宫以后，皇帝又叫他们立即回去，看谁不走错路回到自己的住处。噶尔·东赞初来长安时，路途不熟，为不致迷路，就在关键路段涂上了标记。结果，噶尔·东赞凭着自己事先做好的记号，再次取得了胜利。

第六试：辨认公主。这天，唐太宗李世民及诸部大臣来到殿前亲自主试。但见衣着华丽、相貌仿佛的三百名（也有说五百名或二千五百名）宫女，分左右两队依次从宫中排开，宛如三百天仙从空中飘来，轻盈、潇洒、俊美，看得人眼花缭乱。其他使者都没有主意，不知哪位才是文成公主，唯独噶尔·东赞因为事先得到了曾经服侍过公主的汉族老大娘的指教，知道了她的容貌身体特征：体态娟丽窈窕，肤色白皙，双眸炯炯有神，性格坚毅而温柔，右颊有骰子点纹，左颊有一莲花纹，额间有黄丹圆圈，牙齿洁白细密，口生青莲馨味，颈部有一颗痣。噶尔·东赞反复辨认，最后终于在左边排行中的第六位认出了公主。

婚试完毕，唐太宗非常高兴，将美丽多才的文成公主许婚于吐蕃首领松赞干布,噶尔·东赞终于完成了迎亲使命,成就了传颂千余年的藏汉联姻的佳话。

贞观十五年(641年)正月十五,唐太宗将文成公主嫁给松赞干布,诏令李道宗持节护送。文成公主在李道宗和噶尔·东赞的伴随下,前往吐蕃。

相传当年文成公主离开长安以后,跋山涉水,历尽艰辛来到荒漠的高原上,由于离亲人和家乡越来越远了,不由得思念起远在长安的亲人来。她想起临别时母亲送给她宝镜时说的话:怀念亲人时,可从宝镜里看到母亲。于是急忙取出"日月宝镜",双手捧着照起来,不照则已,一看反倒吃了一惊。原来文成公主从镜子里看到的并不是母亲,而是自己满脸憔悴的愁容。她一生气,把宝镜摔在地上。没想到,宝镜一落地,立刻化成一座高山——后人称为日月山。这座山恰好挡住了一条东去河流的去路,河水不得不掉头回流。于是人们称这条河叫倒淌河。这日月山和倒淌河就在青海省西宁附近的青藏公路旁。

文成公主一行从长安出发,长途跋涉到达拉萨。松赞干布非常喜欢贤淑多才的文成公主,专门为公主修筑的布达拉宫,共有一千间宫室,富丽壮观。

松赞干布迎娶文成公主后,中原与吐蕃之间关系更加友好,使臣和商人频繁往来。松赞干布十分倾慕中原文化,他脱掉毡裘,改穿绢绮,并派吐蕃贵族子弟到长安读书。

贞观二十三年(649年),唐太宗李世民去世,新君高宗

第四章 美丽与忠诚的牺牲

李治继位后，遣使入蕃告哀，并授松赞干布"驸马都尉"，封"西海郡王"。松赞干布派专使往长安吊祭太宗，献金十五种供于昭陵（唐太宗墓），并上书唐高宗，表示对唐朝新君的祝贺和支持。唐高宗又晋封松赞干布为"賨王"，并刻了他的石像列在昭陵前，以示褒奖。

永徽元年（650年），松赞干布去世，此后文成公主继续在吐蕃生活达三十年，致力于加强唐朝和吐蕃的友好关系。她热爱藏族同胞，深受百姓爱戴。文成公主与松赞干布的故事，以及她推进汉藏文化交流的功绩，至今仍以戏剧、壁画、民歌、传说等形式在汉藏民族间广泛传播。文成公主在藏传佛教中，被认为是绿度母的化身。

永隆元年（680年），文成公主因患天花去世，吐蕃王朝为她举行了隆重的葬礼，唐遣使臣赴吐蕃吊祭。拉萨至今仍保存藏人为纪念她而造的塑像，已有一千三百多年历史。

# 第五章 三国时期的悲欢离合

## 曹操 / 赤壁之战与梦想的破灭

历朝历代，寒窗之下皓首穷经的书生们，总是希望得到名人的品评，因为草根要进入上流社会，名人品评就是他们的才学证明、进身之阶。

东汉末年的"月旦评"曾经闻名遐迩。"月旦评"的领军人物是汝南名流许劭，他好臧否人物，品评诗文，每月初更新品题，时称"月旦评"。在品评的过程中，许劭辨别好坏，评判正邪，不浮夸也不贬损，不溢美也不中伤，要么不评，评则不隐晦，因此，"月旦评"比皇帝授官时诏书上的文辞更加让人信服，一旦评出，便成公论。

曹操名声不显时，多次备厚礼，恭恭敬敬去拜访许劭，希望得到许劭的评语，许劭却瞧不起他，不肯品评。情急之下，曹操不惜实施"下三烂"手段，对许劭进行胁迫，许劭被纠缠得没办法，只好说："君清平之奸贼，乱世之英雄！"据史书记载，曹操"大悦而去"。

曹操，是一个有着远大梦想的人。

曹操年轻时期机智警敏，有随机权衡应变的能力，而且任性好侠、放荡不羁，不修品行，不研究学业，所以当时的人不认为他有什么特别的才能，只有梁国人桥玄和南阳人何颙认为他不平凡。桥玄对曹操说："天下将乱，非命世之才不能济也，能安之者，其在君乎？"何颙对他说："汉室将亡，安天下者，必此人也！"

后来，中平六年（189年），汉灵帝驾崩，太子刘辩登基，何太后临朝听政。大将军何进想趁灵帝驾崩、宦官失势之机诛灭十常侍，但没有取得何太后的支持。于是何进采纳袁绍的建议，不听曹操和陈琳的劝谏，便征召停留在河东郡（今山西夏县、万荣县、临汾一带）的边将董卓率其部众进京，以便胁迫何太后同意诛杀宦官。但董卓尚未抵达京城，何进已被宦官下手谋杀。同年九月，董卓入京，执掌朝政，把汉少帝废为弘农王，而改立其弟陈留王为汉献帝，又派人把弘农王母子毒死，自称太师，专擅朝政，此后天下大乱。

曹操见董卓倒行逆施，不愿与其合作，遂改易姓名逃出洛阳。曹操到陈留后，"散家财，合义兵"，号召天下英雄讨伐董卓。

初平元年（190年），东郡太守桥瑁诈称京师三公之名向各地发檄文，陈述董卓的恶行，联络各地州牧、刺史及太守讨伐董卓，共有十一路地方军加入，群雄并起，共推袁绍为盟主,史称"关东军"。董卓为了回避其锋芒,挟持汉献帝,强迁居民,迁都到长安,并火烧旧都洛阳。关东联军惧怕董卓精锐的凉州军的战力,无人敢向关西推进,都屯兵酸枣(今河南延津县北)一带。曹操认为董卓"焚烧宫室,劫迁天子,海内震动",应趁机与之决战,遂独自引军西进。曹操行至荥阳汴水(今河南荥阳西南),与董卓大将徐荣交锋大败,士卒死伤甚多,自己也被流矢所伤,幸得堂弟曹洪所救,幸免于难。回至酸枣,曹操建议诸军各据要地,再分兵西入武关(今陕西丹凤东南),围困董卓,关东诸将不肯从。关东诸军名为讨董卓,实际各自心怀鬼胎,意在伺机发展自己的势力。不久,诸军之间发生摩擦,相互火拼。联合军至此解散。

此后,曹操便开始逐步建立自己的地盘。

初平二年(191年),曹操在东郡(治濮阳,今濮阳市一带)大败于毒、白绕、眭固、于夫罗等,袁绍表荐其为东郡太守。

初平三年(192年),青州黄巾军大获发展,连破兖州(治昌邑,今山东省巨野县东南)郡县,阵斩兖州刺史刘岱。济北国相鲍信等人迎曹操出任兖州牧。曹操和鲍信合军进攻黄巾军。鲍信战死。曹操"设奇伏,昼夜会战",终于将黄巾军击败。当年冬天,他获得降卒三十余万,人口百余万。曹操收其精锐,组成军队,号称青州兵。又助袁绍打败刘备、单经及徐州牧陶谦诸军。

初平四年(193年)春天,曹操在匡亭附近大败袁术、黑山军及南匈奴于夫罗部。

兴平元年（194年）春天，曹操的父亲曹嵩和弟弟曹德在前来曹操处途中，被陶谦派兵杀害。夏，曹操再征徐州，略地至东海。

兴平二年（195年），曹操整军再战吕布，三次击败吕布军队，破定陶（今山东定陶）、廪丘（今山东郓城西北）等，平定兖州。

建安元年（196年）二月，曹操讨平汝南、颍川一带的黄巾军何仪、刘辟等部。同年，曹操派曹洪率兵迎接献帝。九月，将献帝安置在许县（今河南许昌）。十一月，曹操升任司空，行车骑将军事，总揽朝政。

建安二年（197年）正月，曹操讨伐割据宛城的张绣。九月，曹操东征袁术。

建安三年（198年）九月，曹操东征徐州。

建安四年（199年），曹操派史涣、曹仁击破张杨旧部眭固，取得河内郡，把势力范围扩张到黄河以北。

建安五年（200年），曹操和袁绍之间爆发官渡之战，曹操大获全胜。这时，曹操统一北方已是大势所趋。

接下来的几年里，曹操以雷霆之势统一北方。无数人都认为，东汉末年分裂的局面，要由曹操来结束了。曹操也这么认为，当此时，他几乎志得意满，很可能会想到许劭对他的评语："君清平之奸贼，乱世之英雄！"

曹操决定南下，收拾刘备和孙权，一统天下。

建安十三年（208年）正月，曹操开始了向南用兵的军事上和政治上的准备：第一，于邺凿玄武池以练水军；第二，派遣张辽、于禁、乐进等驻兵许都以南，准备南征；第三，令马腾及其家属迁至邺，做了实际上的人质，以减轻西北方向的威胁；第四，罢三公官，置丞相、御史大夫，自任丞相，进一步巩固了他的统治地位。另外他还罗织罪名杀了数次戏侮及反对自己的孔融，以维护自己的权威。同年七月，曹操挥军南下。

关于赤壁之战的叙述有很多，头绪繁杂，《资治通鉴》中的叙述如下：

建安十三年（208年）八月，荆州刘表病死，蔡瑁、张允等拥立刘琮继任荆州牧。曹操接受了荀彧的意见，先抄捷径轻装前进，疾趋至宛城、叶县。九月，曹操到达新野县，刘琮以荆州投降曹操。曹操接受刘琮的投降，继续进军。

依附刘表、屯兵樊城的刘备一直不知道曹操南下的消息，直至曹军到达宛城附近，刘备才发现状况，于是派亲信询问刘琮，这时刘琮才派宋忠告知刘备，刘备既惊骇又颇气愤，只好立即弃樊南逃。

曹操知道江陵贮有军用物资，恐怕刘备先到，占据江陵，就留下辎重，轻装前进。到襄阳后，听说刘备已经过去，曹操亲自率领五千名精锐骑兵急速追赶，一天一夜跑了三百余里，在当阳长坂追上刘备。刘备抛下妻子及儿子，与诸葛亮、张飞、赵云等数十人骑马逃走，曹操俘获了大量的人马辎重。张飞率领二十名骑兵断后，他据守河岸，拆去桥梁，横握长矛，怒目而视，对曹军大喊道："我就是张翼德，有谁敢来决一死战！"曹军不敢逼近，刘备得以顺利逃亡。

江东孙权帐下鲁肃得孙权许可，到夏口窥探虚实。鲁肃抵达后，听说曹操大军已向荆州进发，便日夜兼程前往。等他到达南郡时，刘琮已经投降曹操，刘备已经向南撤退。鲁肃便直接去见刘备，在当阳的长坂与他相会。鲁肃传达了孙权的意图，与刘备讨论天下大事，对刘备表示诚恳的关心。并且询问刘备说："刘豫州，如今您打算到什么地方去？"刘备说："苍梧郡太守吴巨是我的老朋友，我打算去投奔他。"鲁肃说："孙将军聪明仁惠，敬重与优待贤能之士，江南的英雄豪杰都归附于他。他现在已占有六郡的土地，兵精粮多，足以成就一番事业。如今为您打算，最好是派遣心腹之人到江东去与孙权将军联系，可以共建大业。而您却想投奔吴巨，吴巨不过是个凡夫俗子，又在偏远的边郡，即将被别人吞并，怎么可以托身于他呢？"刘备听后大为高兴。鲁肃又对诸葛亮说："我是诸葛子瑜的朋友。"于是诸葛亮与鲁肃也成为朋友。刘备采纳鲁肃的计策，进驻鄂县的樊口。

曹操从江陵出发，将要顺长江东下。诸葛亮对刘备说："形势危急，我请求奉命去向孙将军求救。"于是他就和鲁肃一起去见孙权。

诸葛亮在柴桑见到孙权，对孙权说："天下大乱，将军在长江以东起兵，刘备在汉水以南召集部众，与曹操共同争夺天下。现在，曹操基本已经消灭北方的主要强敌，接着南下攻破荆州，威震四海。在曹操大军面前，英雄无用武之地，所以刘备逃到这里，希望将军量力行事。如果将军能以江东的人马，与占据中原的曹操相抗衡，不如及早与曹操断绝关系；如果不能，为什么不早点解除武装，向他称臣？现在，将军表面上服从朝廷，而心中犹豫不决，事情已到危急关头，再不果断处理，大祸马上就要临头了。"孙权说："假如像你说的那样，刘备为什么不服从曹操？"诸葛亮说："田横，不过是齐国的壮士，还坚守节义，不肯屈辱投降；何况刘备是皇室后裔，英雄才略，举世无双，士大夫们对他的仰慕，如同流水归向大海。如果大事不成，这是天意，怎么能再居于曹操之下呢？"孙权勃然大怒，说："我不能把全部吴国故地和十万精兵拱手奉送，去受曹操的控制。我的主意已定！除刘备以外，没有能抵挡曹操的人，但刘备新近战败之后，怎么能担当这项重任呢？"诸葛亮说："刘备的军队虽然在长坂大败，但现在陆续回来的战士和关羽的水军加起来有一万精兵，刘琦集结江夏郡的战士，也不下一万人。曹操的军队远道而来，已经疲惫。听说在追赶刘备时，轻骑兵一天一夜奔驰三百余里，这正是所谓'强弩射出的箭，到了力量已尽的时候，连鲁国生产的薄绸都穿不透'。所以《孙子兵法》以此为禁忌，说'必定会使上将军受挫'。而且，北方地区的人不善于进行水战。另外，荆州地区的民众归附曹操，只是在他军队的威逼之下，并不是心悦诚服。如今，将军如能命令猛将统领数万大军，与刘备齐心协力，一定能打败曹军。曹操失败后，必然退回北方，这样荆州与东吴的势力就强大起来，可以形成鼎足三分的局势。成败的关键，就在于今天！"孙权听后非常高兴，就去与他的部属们商议。

　　这时，曹操写信给孙权说："最近，我奉天子之命，讨伐有罪的叛贼，军旗指向南方，刘琮降服。如今，我统领水军八十万人，将要与将军在吴地一道打猎。"孙权把这封书信给部属们看，部属无不惊慌失色。长史张昭等人说："曹操是豺狼虎豹，挟持天子以征讨四方，动不动就用朝廷的名义来发布命令。今天我们如果进行抵抗，就更显得名不正而言不顺。况且将军抵抗曹操，是依靠长江天险。现在，曹操占有荆州的土地，刘表所训练的水军，包括数以千计的艨艟战船，已由曹操接管，曹操计全部船只沿长江而下，再加上步兵，水陆并进。这样，长江天险已由曹操与我们共有，而双方势力的众寡又不能相提并论。因此，依我们的愚见，最好是迎接曹操，投降朝廷。"只有鲁肃一言不发。

　　孙权起身上厕所，鲁肃追到房檐下，孙权知道鲁肃的意思，握着鲁肃的手说："你想说什么？"鲁肃说："刚才，我观察众人的议论，只会贻误将军，不足以与他们商议大事。现在，像我鲁肃这样的人可以迎降曹操，但将军却不可以。为什么这样说呢？现在我迎接曹操，曹操一定会把我交给乡里父老去评议，以确定名位，也还能做一个下曹从事，能乘坐牛车，有吏卒跟随，与士大夫们结交，步步升官，能当上州、郡的长官。可是将军迎接曹操，打算到哪里去安身呢？希望将军早定大计，不要听那些人的意见。"孙权叹息说："这些人的说法太让我失望了。如今，你阐明的策略正与我想的一样。"

当时，周瑜奉命到达番阳（今江西鄱阳湖以东一带），鲁肃劝孙权把他召回来。周瑜来到后，对孙权说："曹操虽然名义上是汉朝的丞相，但实际上是汉朝的贼臣。将军以神武英雄的才略，又凭借父、兄的基业，割据江东，统治的地区有几千里，精兵足够使用，英雄乐于效力，应当横行天下，为汉朝清除邪恶的贼臣。何况曹操自己前来送死，怎么可以去迎降？请允许我为将军分析：如今北方尚未完全平定，马超、韩遂还驻兵函谷关以西，是曹操的后患。而曹操舍弃鞍马，改用船舰与生长在水乡的江东人决一胜负。现在正是严寒，战马缺乏草料。而且驱使中原地区的士兵远道跋涉来到江南地区，不服水土，必然会发生疾疫。这几方面是用兵的大患，而曹操贸然行事。将军抓住曹操的时机，正在今天。我请求率领精兵数万人，进驻夏口，保证能为将军击破曹操。"孙权说："曹操老贼早就想要废掉汉朝皇帝，自己篡位了，只是顾忌袁绍、袁术、吕布、刘表与我。现在，那几个英雄都已被消灭，只剩下我还存在。我与老贼势不两立。你主张迎战曹军，正合我意，是上天把你授给了我！"孙权就势拔出佩刀，砍向面前的奏案，说："将领官吏们，有胆敢再说应当投降曹操的，就与这个奏案一样！"于是散会。

当天夜里，周瑜又去见孙权，说："众人只看到曹操信中说有水、陆军八十万而各自惊恐，不再去分析其中的虚实，就提出向曹操投降的意见，太不像话。现在咱们据实计算一下，曹操所率领的中原部队不过十五六万人，而且长期征战，早已疲惫；新接收的刘表的部队，至多有七八万人，仍然心怀猜疑。以疲惫的士卒，驾驭心怀猜疑的部众，人数虽多，却并没有什么可怕的。我只要有五万精兵，就足以制服敌军，望将军不要顾虑！"孙权拍着周瑜的背说："周公瑾，你说到这个地步，非常合我的心意。张昭、秦松等人，各顾自己的妻子儿女，怀有私心，非常使我失望。只有你与鲁肃和我的看法相同，这是上天派你们两个人来辅佐我。五万精兵一时难以集结，但我已挑选了三万人，战船、粮草及武器装备都已备齐，你和鲁肃、程普率兵先行，我当继续调集人马，多运辎重、粮草，作为你的后援。你能战胜曹军，就当机立断；如果失利，就退到我这里来，我当与曹操决一胜负。"于是，孙权任命周瑜、程普为左、右督，与刘备合力迎战曹操；又任命鲁肃为赞军校尉，协助筹划战略。

　　刘备驻军樊口，每天派巡逻的士兵在江边眺望孙权的军队。士兵看到周瑜的船队，立即乘马回营报告刘备。刘备派人前去慰劳。周瑜对慰劳的人说："我有军事任务在身，不能委派别人代理，如果刘备能屈尊前来会面，实在符合我的愿望。"刘备就乘一只船去见周瑜，说："现在抵抗曹操，实在是很明智的决定。不知有多少战士？"周瑜说："三万人。"刘备说："可惜太少了。"周瑜说："这已足够用，将军且看我击败曹军。"刘备想要招呼鲁肃等来共同谈话，周瑜说："接受军令，不得随意委托人代理，如果您要见鲁肃，可以另去拜访他。"刘备既很惭愧，又很高兴，于是带领关羽、张飞等两千人跟在周瑜的后面，不归周瑜统领。

孙刘联军逆水而上，行至赤壁，与正在渡江的曹军相遇。曹军当时已遭瘟疫，而新编水军及新附荆州水军难以磨合，士气明显不足，初战便被周瑜水军打败。曹操不得不把水军引到江北与陆军会合，把战船靠到北岸乌林一侧，操练水军，等待良机。周瑜则把战船停靠于南岸赤壁一侧，隔着长江与曹军对峙。

当时曹操因为北方士卒不习惯坐船，于是将舰船首尾连接起来，人马在船上如履平地。周瑜部将黄盖说："如今敌众我寡，难以长期相持。曹军正把战船连在一起，首尾相接，可以用火攻，击败曹军。"周瑜认为可行，于是选取艨艟战船十艘，装上干荻和枯柴，在里边浇上油，外面裹上帷幕，上边插上旌旗，预先备好快艇系在船尾，又命黄盖先派人送信给曹操，谎称打算投降。诈降之日，黄盖率艨艟战船驶向江北，接近曹军时，黄盖下令点燃柴草，着火的船队乘风快速向前飞驶，冲向曹营。黄盖在途中不幸被流矢射中落入水中，被救起时，吴军居然认不出是黄盖，胡乱将他安置在厕床中。黄盖唯有自己大声呼叫韩当，韩当发现他时，流着泪解开他的衣服，黄盖才得以保全性命。当时东南风正急，火烈风猛，把曹军战船全部烧光了，火势还蔓延到曹军设在陆地上的营寨。顷刻间，浓烟烈火，遮天蔽日，曹军人马烧死和淹死的不计其数。

周瑜等率领轻装的精锐战士紧随在后，鼓声震天，奋勇向前，曹军大败。曹操率军从华容道步行撤退，道路泥泞不通，天又刮起大风。曹操让所有老弱残兵割草铺路，骑兵才勉强通过。老弱残兵被人马所践踏，陷在泥中，死了很多。曹军因为饥饿和疾病而死了大半。周瑜、刘备军队水陆并进，一直尾随追击，但已经来不及。

此战中，曹军被烧死者很多，但大部分的曹军都是因为饥饿和疾病而死。曹操回到江陵后，恐赤壁失利而使后方政权不稳，立即自还北方，留曹仁、徐晃等继续留守南郡，文聘守江夏，而后委任乐进守襄阳、满宠代理奋威将军，屯于当阳。

对于赤壁之战失败的原因，后世史学家认为：曹操自负轻敌，指挥失误，加之水军不强，终致战败。而曹操却说："赤壁之役，值有疾病，孤烧船自退，横使周瑜虚获此名。"但无论怎样，经赤壁一战，曹操已经彻底失去了在短时间内统一全国的可能性。

赤壁之战后，孙刘双方则借此胜役开始发展壮大各自势力，刘备向孙权借荆州后实力迅速壮大，进而谋取益州。三国鼎立局面初步形成。曹操在退回北方后，休养生息两年。两年后，曹操西征，击破关中的马超、韩遂等人，然后才大举南征孙权。不过，赤壁之战以后发生的事似乎都没有以前顺利了。

建安二十五年（220年）正月，曹操病逝在洛阳，终年六十六岁。在曹操的弥留之际，不知道他会不会想起许劭的那句"君清平之奸贼，乱世之英雄"，不知道他会不会想起赤壁之战，以及自己年轻时的梦想。

我们所知道的是，直到今天还有人说着："如果赤壁之战曹操赢了，应该就一统天下了……"

可历史没有如果。

## 诸葛亮／五丈原上理想的消散

234年（曹魏青龙二年，蜀汉建兴十二年），曹魏、蜀汉两方在五丈原（今陕西宝鸡境内）发生了一场战役。当时，蜀汉丞相诸葛亮率军第六次北伐，由汉中出发，取道斜谷，穿越秦岭，进驻五丈原。

魏军、蜀军在五丈原对峙了一百余天。最后，诸葛亮病逝于此。

诸葛亮，字孔明，琅琊阳都（今山东沂南）人，他是汉朝司隶校尉诸葛丰的后代。诸葛亮的父亲诸葛珪在东汉末年做过泰山郡丞。诸葛亮三岁时，母亲章氏病逝。诸葛亮八岁时丧父，与弟弟诸葛均一起跟随由袁术任命为豫章太守的叔父诸葛玄到豫章（今江西南昌）赴任。后来东汉朝廷派朱皓取代了诸葛玄职务，诸葛玄就去投奔荆州刘表。建安二年（197年），诸葛玄去世，诸葛亮就在隆中隐居，平日喜欢吟诵《梁甫吟》，又常以管仲、乐毅自比，时人对他都不屑一顾，只有好友徐庶、崔州平等人相信他的才干。他在荆州与石韬、徐庶、孟建游学时，三人读书都力求精熟，只有诸葛亮"观其大略"。诸葛亮每天早晨和晚上都常常抱膝长啸，他曾对其他三人说："你们可以做到刺史、郡守。"三人问诸葛亮他自己能做什么官，诸葛亮笑而不言。

　　刘备屯驻在新野时，徐庶来见他，刘备对徐庶很看重。徐庶对刘备说："诸葛孔明，就是人称卧龙的人。将军是否愿意与诸葛孔明相见？"刘备说："你和诸葛孔明一起来吧。"徐庶说："这个人只可以去见，不能屈意前来。将军应当屈驾前往去见诸葛孔明。"因此刘备便去诸葛亮那里，一共去了三次才见到诸葛亮。与诸葛亮相见后，刘备便叫其他人避开，向他询问道："现今汉室衰败，奸臣假借皇帝之命，皇上失去大权。我没有衡量自己的德行与能力能不能做到，就想伸张大义重振天下，但自己的智慧谋略不够，所以时常失败，直至今日。不过我志向仍未放弃，先生有没有计谋可以帮助我？"诸葛亮遂向他陈述了三分天下之计。诸葛亮分析道："自从董卓作乱以来，群雄并起，跨州连郡的势力数不过来。曹操与袁绍相比，名气小而兵众少，然而曹操最终能打败袁绍，转弱为强的原因，不仅仅是天时，也有人谋略的作用。如今曹操已经拥有百万兵众，挟持天子来号令诸侯，将军确实不能与曹操正面较量。孙权占据江东，已经经历了三位主人，辖区有长江天险，又有民众拥护，还有贤能之人为孙权效力，将军可以将孙权作为自己的外援，而不可企图吞并他。荆州北有汉水、沔水以依据，南可获得南海之利，东面与吴郡、会稽相连，西面与巴、蜀地区相通，这是一个运用武力的地方，而它的主人却没有能力守住它，这大概是上天用来帮助将军的，将军是不是对它有意呢？益州有四面高山阻塞，肥沃的土地广袤千里，有天府的美称，当年汉高祖依靠它成就帝业。它的主人刘璋昏庸软弱，张鲁又在北面虎视眈眈，人口众多、地方富庶，而刘璋却不知道关心爱护，致使这里有智慧、才能的人都想得到英明的主人。将军既是汉朝皇室的后代，讲信义的名声四海皆知，招纳天下英雄，渴望得到贤士，如果跨有荆州、益州，凭借天然险阻保卫领土，西面和各少数民族和睦相处，南面安抚那里的少数民族，对外与孙权结好，对内改善政治；如果天下局势出现变化，就命令一位高级将领率领荆州的军队向宛县、洛阳进军，将军则亲自率领益州的兵众从秦川东出，老百姓谁敢不用竹篮盛着食物、用壶盛着饮料来迎接将军呢？如果确实出现像这样的局面，那么将军就可以完成霸业，汉朝也可以复兴了。"刘备说："好！"

这篇论说就是后世著名的《隆中对》。诸葛亮所提出的《隆中对》是此后数十年刘备和蜀汉的基本国策，诸葛亮当时二十七岁。此后，诸葛亮辅佐刘备定鼎荆益，成功建立蜀汉政权。

章武元年（221年）四月丙午日，刘备于成都武担山之南即皇帝位，任命诸葛亮为丞相。

相较常人，诸葛亮一生到此也算圆满了。可是刘备是一个有理想的国君，诸葛亮是一个有理想的良臣，而在当时，无数人最大的理想就是结束天下三分的局面，在这一理想上，刘备、诸葛亮是相同的。

于是，章武元年（221年）七月，刘备为夺回荆州，亲率大军伐吴。可惜天不遂人愿，章武二年（222年），刘备兵败夷陵（今湖北宜昌）；八月，刘备撤退至永安。至章武三年（223年）二月，刘备病重，召诸葛亮到永安，与李严一起托付后事，刘备对诸葛亮说："你的才能是曹丕的十倍，必定能够安顿国家，终可成就大事。如果嗣子（刘禅）可以辅助，便辅助他；如果他没有才干，你可以自行取度。"诸葛亮涕泣说："臣必定竭尽股肱的力量，报效忠贞的节气，直到死为止。"刘备又要刘禅视诸葛亮为父。延至四月，刘备逝世，刘禅继位，封诸葛亮为武乡侯，开设官府办公。不久，诸葛亮再领益州牧，政事上的大小事务，刘禅都依赖诸葛亮，由诸葛亮决定。

当时，诸葛亮肯定在心里想："北伐中原，兴复汉室的理想，还能达成吗？"诸葛亮心中没有答案，但是诸葛亮知道，只要做下去，答案就会显现。

建兴三年（225年）春天，诸葛亮率军南征，刘禅临行前赐诸葛亮金铁钺一具，曲盖一个，前后羽葆鼓吹各一部，虎贲六十人。此后，诸葛亮深入不毛之地讨伐雍闿、孟获，诸葛亮采取参军马谡的建议，以攻心为主，先打败雍闿军，再七擒七纵孟获，至秋天平定所有乱事，十二月班师成都。蜀汉稳定了南中，并获得大量的资源，并且组建了无当飞军这支劲旅。经过长期积累，有了北伐的基础。

建兴四年（226年），魏文帝曹丕去世，其子曹叡继位，即魏明帝。魏明帝缺乏统治经验，诸葛亮抓住有利时机，决定出师北伐。次年三月，率军进驻汉中，屯兵沔阳（今陕西勉县）。建兴六年（228年）春，诸葛亮事先放出消息走斜谷道取郿，让赵云、邓芝设疑兵吸引曹真重兵，自己率大军攻祁山。陇右的南安、天水和安定三郡反魏附蜀，关中震响。魏明帝西镇长安，命张郃率领步骑五万人前往，大破马谡于街亭。而同时赵云寡不敌众，失利于箕谷。诸葛亮乃拔西县千余家返回汉中。第一次北伐失败。

建兴六年（228年）冬天，曹魏将领曹休在石亭被东吴将领陆逊打败，诸葛亮听说魏军大举东进，关中兵力空虚，再次感受到了北伐的机会。于是诸葛亮领兵数万出兵陈仓道，包围陈仓。但魏国大将军曹真在年初击败汉军时已经预测，诸葛亮再次北伐必出陈仓，于是留下将军郝昭督千余军镇守陈仓，修建坚城，等待蜀汉大军。诸葛亮曾派郝昭同乡靳详于城外数次游说郝昭投降，但郝昭坚决拒绝了。诸葛亮便挥军进攻陈仓城。汉军大军进攻，轮番使用云梯、冲车攻城，郝昭便用火箭射云梯，烧毁云梯，烧伤梯上的人，又以绳绑着石磨，扔下城墙，压毁冲车。诸葛亮便转用井阑在百尺外向城中射箭，掩护士兵用土填平护城河，想直接攀城，郝昭于是建起内墙，令井阑失效。诸葛亮又挖地道，想突袭城中，郝昭又在城内挖下横壕沟，使地道失效。由于曹魏已经事先在陈仓做好了充足准备，加上陈仓地势险要，易守难攻，双方激战二十余日未有胜负。曹真派费耀等率军前来救援，魏明帝也召张郃前往迎击诸葛亮。此时汉军粮草不继，又闻讯魏援军快到，只好再退回汉中。第二次北伐失败。

建兴七年（229年）春，诸葛亮遣陈式（一说陈戒）进攻武都、阴平。曹魏大将郭淮领兵来救，诸葛亮率军驻扎建威，牵制郭淮。魏军知道汉军主力到临，便紧急撤退，汉军顺利占领二郡。诸葛亮安抚了当地的氐人、羌人，然后留兵据守，自己率军回汉中。第三次北伐获小胜，得武都、阴平二郡。

建兴八年（230年）七月，曹魏想转守为攻，大司马曹真上表伐蜀议案，但司空陈群认为斜谷太险阻，难以进退，于是曹真率主力军改为由子午道进发；大将军司马懿率军从汉水而上，欲与曹真军会师汉中；张郃从褒斜道进兵，直指汉中。诸葛亮知道魏军来攻后，立即加强城固、赤阪等要地的防守，要求李严率两万人赶赴汉中阻击敌人，以李严之子李丰为江州都督，防卫后方。曹军的前锋夏侯霸先大军一步，进至兴势，在曲折的谷中下营。被蜀地百姓看到并报给汉军，汉军攻击夏侯霸，使其在鹿角间战斗，最后魏援军到达，夏侯霸才得以解围。

因蜀地艰险，且其间下了三十天的大雨，栈道断绝，曹真用了一个月才走了一半路程。

在曹魏朝中,华歆、杨阜、王肃都上疏劝魏明帝曹叡下诏撤军,至九月,三路大军受诏撤退。

同年,诸葛亮派魏延、吴壹入南安,于阳溪大破魏将郭淮、费曜等。

建兴九年(231年)二月,诸葛亮趁曹魏雍凉地区半年没有下雨,再次进行北伐,以木牛运粮,包围祁山堡,并在祁山堡东北修建卤城作为蜀军大营。诸葛亮又招揽鲜卑人轲比能,轲比能起兵到石城响应汉军。曹魏因大将曹真病重,曹叡改派司马懿为统帅屯于长安,领张郃、费曜、戴陵、郭淮等人抵抗。司马懿先派费曜、戴陵与四千精兵前往上邽防守,自己则率其他兵力随后前进。张郃则认为该分兵驻守雍、郿,但司马懿认为分军不及合军有利,便向西推进。诸葛亮知道后,留下王平继续领军攻打祁山堡,自己率主力北上上邽。到达上邽附近麦田后,没有等待就收割了麦田。司马懿军为阻止诸葛亮割麦,日夜兼程,急忙行军抵达上邽之东,司马懿深知汉军劳师远袭,粮食补给困难,兼之魏军经过通宵达旦的行军已为疲惫之师,因而凭险坚守,拒不出战。诸葛亮便回军卤城,未能彻底收割上邽麦田,使得这批粮食成了乏粮魏军与之对峙的资本,但有必要指出的是,诸葛亮这一战略动作迫使魏军进入了极度缺粮状态,导致司马懿、郭淮等不得不从关中运粮,甚至征取羌胡的粮谷。对峙一段时间后,诸葛亮撤出对祁山的包围,将全部军队集中在卤城,司马懿派张郃打通了和祁山堡的联络，并命他攻卤城以南的王平，由案中道进逼汉军。自己则率众进攻卤城以北的诸葛亮主力，力图以钳形攻势，击败诸葛亮。诸葛亮派大将魏延、高翔、吴班分三路领兵作战，大败魏军。斩获魏军的首级三千级，获得战利品玄铠五千、角弩三千一百张。六月，诸葛亮眼见粮草接应不上，而又收到后主刘禅下令北伐军撤退的圣旨，诸葛亮只得引军退回。司马懿命令张郃追击汉军，张郃认为"围城必开出路，归师勿追"。司马懿却强行坚持要张郃领兵追击，张郃无奈前往追击，最后于木门道被埋伏于高处的汉军射中右膝，伤重病逝。第四次北伐在蜀军占优的情况下，遇到粮草问题，诸葛亮只得回退。

此后三年，诸葛亮在汉中教兵讲武，休士劝农，更作"流马"用于山地运粮，并于斜谷口邸阁囤积大批粮食，准备再次北伐。而这次北伐，就是诸葛亮一生当中的最后一次北伐。

建兴十二年（234年），经过三年劝农讲武的准备，诸葛亮发动了第五次北伐。鉴于上次北伐因为粮草不足，虽然取得局部胜利，却不得不撤退的教训，这一次的北伐准备得更为充分。在《三国演义》中，诸葛亮北伐被称为"六出祁山"，实际上只有五次北伐，并且仅第一次北伐和第四次北伐曾出祁山，最后这次北伐诸葛亮并没有向祁山出兵，而是出斜谷直达渭滨，摆出一副直指长安的姿态。此次北伐也是诸葛亮出动兵力最多的一次，在之前不过数万大军，这次却是倾全国之兵十万。与此同时，诸葛亮派遣使节前往吴国相约同时大举出兵。

诸葛亮到达郿县，大军驻扎在渭水的南面。司马懿率领军队渡过渭水，背水立营抵御诸葛亮，对将领们说："诸葛亮如果从武功出兵，依山而往东，确实可怕；如果向西前往五丈原，将领们就没事了。"诸葛亮果然驻扎在五丈原。雍州刺史郭淮对司马懿说："诸葛亮肯定争夺北原，我们应当先去占据它。"其余人多数都说不必这样，郭淮说："如果诸葛亮跨过渭水登上北原，和北山联兵，断绝长安通往陇西的道路，使百姓和羌人动荡不安，这对国家是不利的。"司马懿便让郭淮驻防在北原。营垒还没有筑成，蜀汉大部队已经到来，郭淮迎战，击退了蜀汉军。

　　到了同年的八月二十九日，司马懿已经和诸葛亮相持了一百多天，诸葛亮多次挑战，司马懿就是不出兵。诸葛亮就把妇女使用的头巾、发饰和衣服送给司马懿，司马懿恼羞成怒，上表请求出战。

　　曹叡派遣卫尉辛毗为使持节及军师来节制司马懿的行动。此时，虽然司马懿有假黄钺，但使节之间的层级划分是晋朝才出现的制度，假节的辛毗仍然可以依据皇命而约束假黄钺的司马懿。于是，司马懿军队不出战。护军姜维对诸葛亮说："辛毗持符节来到，贼军不会再出战了。"诸葛亮说："司马懿本来就无心作战，之所以一定要请求出战，是向部众表示敢于用武而已。将领在军中，君主的命令可以不接受，如果他能战胜我军，难道还要远隔千里而请求作战吗？"

　　诸葛亮派遣使节到司马懿军中，司马懿向使者询问诸葛亮的睡眠、饮食和办事多少，不打听军事情况，使者答道："诸葛公早起晚睡，凡是二十杖以上的责罚，都亲自批阅；所吃的饭食不到几升。"司马懿告诉人说："诸葛孔明进食少而事务烦，他还能活多久呢！"

诸葛亮分兵屯田，在魏国境内与魏国百姓共同种粮，自给自足，打算长期驻扎下去，但诸葛亮却因过于操劳而病重。

《三国演义》中有诸葛亮设七星灯的情节：诸葛亮操劳过甚，自知时日无多，于是摆设七星灯。七天之内，如果主灯不灭，诸葛亮便能向天借十二年的寿命。可惜，在最后一天，姜维因为报告军情，急急忙忙跑进来，不小心把七星灯的主灯碰灭了。于是诸葛亮"续命"失败。当然，我们知道所谓"续命"是无稽之谈。不过那时诸葛亮确实快到了油尽灯枯的地步了。

八月，诸葛亮因积劳成疾而病倒，病情日益恶化。诸葛亮病重的消息传到成都，刘禅派李福去探望诸葛亮，并询问此后国家大计。所谓国家大计，只不过是问些身后事而已。此时，所有人都知道，这个为蜀汉操劳大半生的男人，终于撑不下去了。

李福与诸葛亮谈话完毕，辞别而去，几天之后又回来。诸葛亮说："我知道你回来的意图，近来你虽然整天与我交谈，但有些事还没有对你交代，所以你又回来听取。你所要问的事蒋琬最适合。"李福连忙道歉说："日前确实不曾询问，等到您百年之后，谁可以担负国家重任，所以就又返回。再请问蒋琬之后,谁又可承担重任?"诸葛亮说:"费祎可以继任。"李福又问费祎之后谁可接任,诸葛亮没有回答。

是啊,费祎之后还有谁呢?

想必,诸葛亮心中是极苦的。

"臣本布衣,躬耕于南阳,苟全性命于乱世,不求闻达于诸侯。先帝不以臣卑鄙,猥自枉屈,三顾臣于草庐之中,咨臣以当世之事,由是感激,遂许先帝以驱驰。后值倾覆,受任于败军之际,奉命于危难之间,尔来二十有一年矣。"这是《前出师表》中的一段话,又何尝不是诸葛亮一生的写照?

当月,诸葛亮在军中去世,长史杨仪整顿军队而退。百姓跑着去报告司马懿,司马懿追击蜀汉军。姜维命令杨仪调转战旗方向,擂响战鼓,像是即将对司马懿进攻。司马懿收军后退,不敢向前逼近。于是杨仪结阵离去,进入斜谷之后才发丧。百姓为此事编了一句谚语——"死诸葛亮吓走活仲达"。司马懿听到后笑着说:"这是我能够意料诸葛亮活着,不能料想诸葛亮已死的缘故。"司马懿到诸葛亮驻军营垒处所察看,感叹说:"真是天下的奇才啊!"追到赤岸,没有追上蜀汉军就回去了。

很多人都为诸葛亮叹惋,也有人嘲笑诸葛亮事不可为而非为之。而诸葛亮又岂能不知呢?诸葛亮在《后出师表》中说:"夫难平者,事也。昔先帝败军于楚,当此时,曹操拊手,谓天下已定。然后先帝东连吴越,西取巴蜀,举兵北征,夏侯授首,此操之失计,而汉事将成也。然后吴更违盟,关羽毁败,秭归蹉跌，曹丕称帝。凡事如是，难可逆见。臣鞠躬尽瘁，死而后已；至于成败利钝，非臣之明所能逆睹也。"事不可为而为之，方是诸葛亮。况且，事并非不可为，只在人做不做。

还有很多人为诸葛亮和司马懿谁更厉害而争论不休，古人曾这样评价："诸葛、司马二相，遭值际会，托身明主，或收功于蜀汉，或册名于伊洛。丕、备既没，后嗣继统，各受保阿之任，辅翼幼主，不负然诺之诚，亦一国之宗臣，霸王之贤佐也。历前世以观近事，二相优劣，可得而详也。孔明起巴蜀之地，蹈一州之土，方之大国，其战士人民，盖有九分之一也，而以贡贽大吴，抗对北敌，至使耕战有伍，刑法整齐，提步卒数万，长驱祁山，慨然有饮马河洛之志。仲达据天下十倍之地，仗兼并之众，据牢城，拥精锐，无禽敌之意，务自保全而已，使彼孔明自来自去。若此人不亡，终其志意，连年运思，刻日兴谋，则凉雍不解甲，中国不释鞍，胜负之势，亦已决矣。"

然而无论如何，世间再也没有那个伟大的、务实的、理想的诸葛亮了。

但一座座武侯祠就是对诸葛亮最好的纪念。

# 关羽
## 麦城沉重的傲骨

关羽,世称"关公",清朝雍正时期,尊为"武圣",与"文圣"孔子相对。回望历史上关羽的一生,可谓是忠义的一生,英雄的一生,传奇的一生,也是悲情的一生。

关羽,本字长生,后改字云长,早年因犯事逃离家乡流落至幽州涿郡。中平元年(184年),黄巾起义爆发,刘备在涿县(今河北涿州)组织了一支起义军。关羽、张飞都加入其中,随刘备辗转各地,参与扑灭黄巾军的战争,刘备、关羽、张飞三人的感情好到连睡觉也要睡在一起。刘备担任平原相时,任命关羽、张飞为别部司马,分统部曲。随刘备出席活动时,关羽和张飞则侍立刘备左右,保护刘备周全。

兴平元年(194年),曹操因父亲曹嵩被杀而迁怒于陶谦,于是发兵攻打徐州。陶谦求救于刘备,刘备和关羽率千余人前往救援。曹操兵退后,陶谦上表朝廷,请求授刘备为豫州刺史，关羽与刘备屯兵于小沛。而后在陶谦等人的再三相让下，刘备担任徐州牧，但不久徐州又为吕布所占。

建安三年（198年），刘备军夺取了吕布军队的黄金，吕布派遣高顺率军攻打刘备。曹操遣夏侯惇前来帮助刘备，被高顺打败。同年九月，高顺击溃刘备。于是，曹操亲自率兵东征吕布。刘备与曹操共擒吕布于下邳，夺得徐州。曹操任车胄为徐州刺史。刘备、关羽、张飞等人便跟随曹操班师回许都。

后来，袁术北上投奔袁绍，刘备奉曹操命在徐州拦截袁术，刘备趁机袭杀徐州刺史车胄，命关羽守下邳，代行太守职务，刘备则返回小沛。

建安五年（200年），曹操派刘岱、王忠攻打刘备，却被刘备击败，曹操于是亲率大军出征，刘备败逃投奔袁绍，关羽战败被生擒并带到许都，曹操待以厚礼，任命其为偏将军。

后来，袁绍派大将郭图、淳于琼、颜良攻东郡太守刘延于白马。荀攸提出了声东击西、轻兵掩袭白马的作战方略。曹操接受了荀攸的建议，亲自率军救援。颜良大惊，仓促应战。曹操命张辽与关羽为前锋击之。关羽望见颜良的麾盖，策马冲锋，刺死颜良于万军之中，又拔出佩刀斩得颜良的首级，然后返还。袁军将领无人能挡，白马之围被解，曹操上表请求汉献帝封关羽为汉寿亭侯。不久，关羽就离开曹操，回归当时投在袁绍麾下的刘备。

刘备在得到诸葛亮后，越来越器重诸葛亮。关羽、张飞对此事感到不悦，刘备解释道："我得到了孔明，就像鱼得到了水,希望你们不要再说了。"关羽、张飞于是停止了抱怨。

建安十三年(208年),刘备投靠刘表,屯兵于新野。曹操率领大军南下,刘备南逃,另遣关羽乘数百艘船驶向江陵会合,但刘备于途中当阳(今湖北省宜昌市)长坂坡被曹操军追至,幸而关羽驶至汉津,一同乘船至夏口。

刘备联合孙权击败曹操后,曹操留曹仁等防守荆州。于是,刘备又与孙权大将周瑜夹攻曹仁,命关羽北面断绝其道路。后来,刘备又向南收取荆州南部四郡(长沙、零陵、武陵、桂阳)。关羽被拜为元勋,受封襄阳太守、荡寇将军。此时襄阳实为曹操势力范围,由乐进驻守,所以关羽驻于江北。在此期间,关羽重修了江陵城。

建安十六年(211年),刘备入蜀助刘璋防御张鲁,张飞、赵云、诸葛亮与关羽共守荆州。

建安十八年(213年),刘备与刘璋决裂。

建安十九年(214年),在刘备攻打雒城时,军师庞统中流矢身亡,刘备乃召张飞、赵云、诸葛亮入蜀支援。关羽驻守荆州。刘备平定蜀地后,以关羽董督荆州事,授权掌管荆州地区刘备控制的部分,包括荆州南部四郡和从东吴借来的南郡治所江陵和附近的公安,关羽事实上镇守荆州五郡(南郡、长沙郡、零陵郡、武陵郡、桂阳郡)。又对诸葛亮、法正、张飞、关羽四人各赏赐了黄金五百斤、白银千斤、钱币五千万、锦帛一千匹。

关羽听说马超归降刘备,而他过去与马超毫不相识,于是便写信给诸葛亮,询问马超武艺才干与谁可以相比。诸葛亮知道关羽气傲心高,于是回信答道:"马孟起兼有文武的资性,凶猛过人,可谓一代俊杰,属于黥布、彭越一类,可与张飞并驾齐驱,但还不及您美髯公绝伦逸群。"关羽蓄着一副漂亮的长须,所以诸葛亮称他美髯公。看了诸葛亮的回信,关羽十分高兴,把它交给宾客幕僚们传阅。

建安二十年(215年),孙权知道刘备已夺得益州,希望取回荆州。刘备却说:"当得到凉州时,便会把荆州交还。"孙权对此十分怨恨,便派鲁肃索要荆州。孙刘两方的将领在阵前"单刀会",据理相争但最终不欢而散。孙权命吕蒙准备进攻荆州南部,鲁肃率领万余人马在益阳牵制关羽,刘备从益州带兵回援。时关羽号称有三万人马,自选五千精锐准备从上游渡河,鲁肃派遣吴将甘宁率领一千人前往关羽的对岸驻守,甘宁的后方还有吕蒙、孙皎、潘璋的数路吴军正与鲁肃的兵马分道并进。关羽认为东吴已经做好了开战的准备,就没有过河,而是在河对岸扎营,这个地方后来称为"关羽濑"。此时,曹操进取汉中的张鲁,刘备便迅速和孙权重归于好,协议平分荆州,即分荆州的江夏郡、长沙郡、桂阳郡给孙权,分荆州的南郡、零陵郡、武陵郡给刘备,这就是三国史上著名的湘水划界。

鲁肃等人希望维持孙刘联盟,而吕蒙却秘密地对孙权说:"关羽君臣狡诈,反复无常。关羽之所以不敢东进,是因为您有吕蒙这样的人。我等一旦战死,您如何抵挡关羽?"但孙权依然渴望北上进军徐州。吕蒙反对道:"北方地势陆通,骁骑所骋。不如消灭关羽,全据长江。"孙权赞赏吕蒙。但孙权并没有施行吕蒙的计划,而是调集了东吴全境的兵马进攻合肥,以至于合肥之战的东吴兵力明显超过了赤壁之战的东吴兵力(208年,东吴军队兵分三路:孙权一路、张昭一路、周瑜一路。其中,仅有周瑜一路是在赤壁)。而关羽在此期间,一直遵守湘水划界的协定,没有乘虚进攻东吴。

建安二十二年(217年),鲁肃病逝。吕蒙接替鲁肃镇守陆口,在表面上,吕蒙对关羽倍加殷勤、广施恩厚。但在暗地里,吕蒙依然渴望着攻杀关羽。

建安二十三年(218年),曹操召曹仁为征南将军,讨伐关羽。曹仁镇守荆州期间,大肆征调徭役,荆州境内的军民苦不堪言。已经降曹二十年的宛城百姓最终被曹仁逼反,宛城守将侯音与卫开与吏民共同反曹,与关羽联合。曹仁率军前往平乱,于次年正月攻破宛城,将侯音斩杀,并屠城。

建安二十四年(219年),刘备军与曹操军争夺汉中,曹操的将领夏侯渊被刘备大将黄忠所斩。曹操亲提大军来争汉中,刘备据守,黄忠又在汉水劫去粮草,曹操无奈只得退出汉中,刘备遂占据汉中。

同年七月,刘备自称汉中王,任命许靖为太傅,法正为尚书令,关羽为前将军,张飞为右将军,马超为左将军,黄忠为后将军,并派益州前部司马、犍为人费诗去关羽驻地授予关羽官印,关羽闻知黄忠地位和自己一样,愤怒地说:"大丈夫终不与老兵同列!"不肯接受任命。费诗对关羽说:"创立王业的人,所用的人不能都一样。以前萧何、曹参和汉高祖年幼时就关系很好,而陈平、韩信是后来的亡命之人;可排列地位,韩信位居最上,没有听说萧何、曹参对此有过怨恨。如今汉中王因为一时的功劳,尊崇黄忠,而在他心中的轻重,黄忠怎能和您相比呢!况且汉中王与您犹如一体,休戚相关,祸福与共。我认为您不应计较官号的高下,以及爵位和俸禄的多少。我仅是一个使者,奉命之人,您如果不接受任命,我就这样回去。只是我为您这样感到惋惜,恐怕您以后要后悔的。"关羽听了他的话以后,大为感动,醒悟过来,立即接受了任命。

之后,关羽率领部队攻打荆州北部樊城,拉开了襄樊之战的序幕。

关羽攻打樊城时,曹操派出大将于禁率领七军援救襄樊。立义将军庞德与关羽交战,引箭射中关羽前额。其时庞德常乘白马,关羽军皆谓之白马将军,对他甚为忌惮。到了八月,大雨连绵,"汉水溢流,害民人",水高五至六丈,于禁所督的七军三万人全为泛滥的洪水所淹。于禁、庞德上高处回避。关羽乘机领水军攻击于禁、庞德,于禁等无处可逃,于是投降。庞德站在堤上,身穿铠甲,手挽弓,箭无虚发,自清晨拼力死战,日过中午,关羽的进攻越来越急。庞德的箭射尽了,就短兵相接,庞德越战越勇,胆气越壮,但水势越来越大,部下的官员和士兵都投降了。庞德乘上小船,想返回曹仁的军营,小船被大水冲翻,失去了弓箭,只有他一人在水中抱住翻船，被关羽俘虏。见关羽时，他站着不肯下跪。关羽对他说："你的兄长在汉中，我准备让你做我的将领，为什么不早早投降呢？"庞德大骂说："竖子，什么叫投降！魏王统率百万大军，威震天下；刘备不过是个庸才，岂能和魏王匹敌！我宁可做国家的鬼，也不做贼人的将领！"关羽杀掉了庞德。曹操闻知此事，说："我和于禁相识三十年，怎料在危难之处，于禁反而不如庞德呢！"

关羽将于禁等曹军俘虏三万押往自己的大本营江陵后，向樊城发起猛攻，城中进水，处处崩塌，众人都惊恐不安。有人对曹仁说："现在的危难，不是我们的力量所能应对的，应该趁关羽的包围尚未完成，乘轻便船只连夜退走。"汝南太守满宠说："山洪来得快，去得也快，希望不会滞留很久。据说关羽已经派别的部队至郏下，许都以南百姓混乱不安。关羽之所以不敢再向前推进，是顾虑我们攻击他的后路。现在如果我军退走，黄河以南地区就不再为国家所有了。您应该在这里坚守以待。"曹仁说："你说得对！"于是将白马沉入河中，与将士们盟誓，齐心合力，坚守樊城。城中军队只有数千人，未被水淹没的城墙也仅有几尺高。关羽乘船至城下，立即将樊城重重包围，使其内外断绝。关羽又派别的将领把将军吕常包围在襄阳。荆州刺史胡修、南乡太守傅方都投降了关羽。

十月，陆浑（今河南嵩县东北）人孙狼等作乱，杀死了县主簿，向南归附关羽。关羽授给孙狼官印，给他军队，让他去扰乱曹魏。此时许都以南的梁郏、陆浑群盗，纷纷接受关羽的印号，成为他的党羽，关羽的威名震动了整个中原。

当时，关羽声威无人不知，达到个人的顶点，而大汉兴复也似乎就在眼前。那个迷人的大汉啊，那个刘备、关羽、张飞、诸葛亮等无数人想要兴复的大汉啊，仿佛只要再努努力，大汉就又回来了。

这时候，曹操十分恐惧，甚至打算迁都。可丞相军司马司马懿、西曹属蒋济对曹操说："于禁等人战败，是因为大水淹没，并非因为攻战失利，对国家大计没有构成大的损害。刘备和孙权，从外表看关系密切，实际上很疏远，关羽得志，孙权必然不愿意。可派人劝孙权攻击关羽的后方，答应孙权把江南封给他，这样樊城之围自然就解除了。"曹操听从了他们的建议。

孙、刘两家结盟，孙权本不至于，也不应该去背后捅刀，可孙权还是做了小人。这是怎么回事呢？原来，孙权曾经为自己的儿子向关羽的女儿求婚，关羽骂了孙权的使者，拒绝通婚，孙权因此很恼怒。及至关羽进攻樊城，吕蒙向孙权上书说："关羽征讨樊城，却留下很多军队防守，一定是害怕我从后面进攻他。我经常患病，请求您允许我以治病为名，率一部分士兵回建业，关羽知道后，必定撤走防守的军队，全部调往襄阳。我大军昼夜乘船溯长江而上，趁他的防守空虚，进行袭击，南郡就可攻取，关羽也会被我擒获。"于是，吕蒙自称病重，孙权则公开发布命令召吕蒙返回，暗中与他进行策划。同时，陆逊至陆口，写信给关羽，称颂关羽的功德，把自己放得

第五章 三国时期的悲欢离合

极低,表示愿意尽忠和托付自己的前程。关羽因此感到很安定,不再有疑心,便逐渐撤出防守的军队赶赴樊城。陆逊把全部情况向孙权做了汇报,陈述擒服关羽的战略要点。

关羽得到于禁等人的军队数万人,粮食不足,军队断粮,便擅自取用孙权湘关的粮米;孙权闻知此事,便派兵袭击关羽。曹操出兵汉中时,派平寇将军徐晃驻屯宛城援助曹仁;及至于禁兵败,徐晃向前推进到阳陵坡。关羽派兵驻扎偃城,徐晃军队到达后,通过隐秘的小径围绕偃城掘了一道长壕,表示要截断关羽守军的后路,关羽守军便烧毁营盘退走了。徐晃占据偃城后,联结军营逐渐向前推进。曹操派赵俨以议郎的身份参与曹仁的军事部署,和徐晃所部一同前进,而其余的救兵尚未赶到。徐晃率领的军队没有足够的力量解樊城之围,而将领们却呼叫着责备徐晃,催促他去救曹仁。赵俨对将领们说:"如今贼兵已经将樊城紧紧包围,水势仍然很大,我们兵力单薄,又与曹仁隔绝,不能同心合力,这一举动恰会使城里城外都受到损失。如今不如向前靠近关羽的包围圈,派遣间谍通知曹仁,使他一齐发动攻击,一定可以打败关羽。假如有迟缓不发救兵之罪,由我一人替诸位承担。"将领们都很高兴。徐晃在距关羽的包围圈三丈之外的地方扎下营盘,挖地道和射箭书通知曹仁,多次沟通消息。

孙权写信给曹操,请求允许他讨伐关羽,为朝廷效力,并请求不要把消息泄露出去,使关羽有所防范。曹操问群臣,群臣都说应当保密,董昭却说:"军事行动,注重权变,要求合乎时宜。我们应当答应孙权为他保密,但暗中将消息泄露出去。关羽知道孙权来信的内容以后,若要回兵保护自己,樊城的包围就会迅速解除,我们便可获利。同时,还使孙权、关羽像两匹被勒住马衔的斗马一样,相互敌对而动弹不得,我们可以坐着等待他们筋疲力尽。如果保守秘密不泄露,就会使孙权如意,这不是上策。再者,被围的将士不知道有救兵,计算城中粮食不足以持久,心中会惶恐不安。倘若再有其他的想法,危害不会小,还是泄露出去为好。况且关羽为人强悍,自恃江陵、公安两城防守坚固,一定不会很快退兵。"曹操说:"很对!"立即下令徐晃将孙权的书信用箭射入围城之内和关羽军营中。被围的将士得到书信后,士气增长百倍,关羽得到书信,很是犹豫,不愿撤兵离去。

　　十月,曹操亲率大军从长安回师到洛阳,准备南下解救曹仁,属下臣僚都说:"大王如果不迅速行动,如今就要失败了。"唯有侍中桓阶说:"大王认为曹仁等人能否估计目前的形势?"曹操说:"能够。"桓阶又问:"大王是怕曹仁、吕常不尽力吗?"答道:"不是。""那么为什么您要亲自去呢?"曹操回答说:"我担心敌人太多,而徐晃等人力量不足。"桓阶说:"如今曹仁等人身处重围之中,仍然死守,没有二心,正是因为他们认为大王您在远处做外援。处于万死的危险之地,必定有拼死抗争之心。城内将士有拼死抗争之心,城外有强大的救援,大王您控制六军,显示我们还有多余的军力,何必担心失败而亲自出征?"曹操很同意桓阶的话,于是驻扎在摩陂，先后派遣殷署、朱盖等共十二营军队到徐晃那里增援。关羽在围头派了军队驻守，在四冢还有驻军。徐晃于是扬言将进攻围头，却秘密攻打四冢。关羽见四冢危急，便亲自率领步、骑兵五千人出战，徐晃迎击，关羽退走。关羽在堑壕前围有十重鹿角，徐晃追击关羽，二人都进入关羽对樊城的包围圈，包围圈被打破，傅方、胡修都被杀死，关羽于是撤围退走，然而关羽的船只仍据守沔水，去襄阳的路隔绝不通。

吕蒙到达寻阳，把精锐士卒都埋伏在名为艨艟的船中，让百姓摇橹，穿商人的衣服，昼夜兼程，将关羽设置在江边守望的官兵都捉了起来，所以关羽对吕蒙的行动一无所知。糜芳、士仁一直都不满意关羽轻视自己，关羽率兵在外，糜芳、士仁供应军用物资不能全部送到，关羽说："回去后当治他们的罪。"糜芳、士仁都感到恐惧。于是吕蒙命令原骑都尉虞翻写信游说士仁，为其指明得失，士仁得到虞翻信后，便投降了。虞翻对吕蒙说："这种隐秘的军事行动，应该带着士仁同行，留下军队守城。"于是带着士仁至南郡。糜芳守城，吕蒙要士仁出来与他相见，糜芳于是开城出来投降了。吕蒙到达江陵，把被囚的于禁释放，俘虏了关羽及其将士们的家属，对他们都给以抚慰。对军中下令："不得骚扰百姓和向百姓索取财物。"吕蒙帐下有一亲兵，与吕蒙是同郡人，从百姓家中拿了一个斗笠遮盖官府的铠甲；铠甲虽然是公物，吕蒙仍认为他是违反了军令，不能因为是同乡的缘故而破坏军法，便流着眼泪将这个亲兵处斩了。于是全军震惊。南郡因此道不拾遗。吕蒙还在早晨和晚间派亲信去慰问和抚恤老人,询问他们生活有什么困难,给病人送去草药,给予饥寒的人衣服和粮食。关羽库中的财物、珍宝,全都被封存起来,等候孙权前来处理。

关羽得知南郡失守后,立即向南回撤。曹仁召集将领们商议,众人都说:"如今趁关羽身陷困境,内心恐惧,可派兵追击,将他擒获。"赵俨说:"孙权侥幸乘关羽和我军鏖战之机,试图进攻关羽后路,又顾忌关羽率军回救,怕我军趁其双方疲劳时从中取利,所以才言辞和顺地请求为我军效力,不过是乘时机的变化观望胜败罢了。如今关羽已力穷势孤,正仓促奔走,我们更应让他继续生存,去危害孙权。如果对战败的关羽穷追不舍,孙权就将由防备关羽改为给我们制造祸患了。魏王必将对此深为忧虑。"于是,曹仁下令不要再穷追关羽。曹操知道关羽退走,唯恐将领们追击他,果然迅速给曹仁下达命令,正如赵俨的判断。关羽多次派使者与吕蒙联系,吕蒙每次都厚待关羽的使者,允许其在城中各处游览,向关羽部下亲属各家表示慰问,有人亲手写信托他带给家人,作为平安的证明。使者返回,关羽部属私下向他询问家中情况,尽知家中平安,所受对待超过以前,因此关羽的将士都无心再战了。正在此时,孙权到达江陵,荆州的文武官员都归附了。

十一月,汉中王刘备设置的宜都太守樊友放弃宜都而走,各城的长官以及各部族的族长都归降了陆逊。陆逊请求以金、银、铜制的官印授予刚刚归附的官吏,并进攻刘备的将领詹晏等人和世居秭归、拥兵自重的大姓,将其全部击溃,使他们归降，前后斩首、俘获以及招降数以万计。孙权任命陆逊为右护军、镇西将军，晋封为娄侯，率兵驻扎夷陵，守卫峡口。

关羽自知孤立困穷，便向西退守麦城。孙权派人诱降，关羽伪装投降，把幡旗做成人像立在城墙上，然后逃遁。士兵都跑散了，跟随他的只有十余名骑兵。孙权已事先命令朱然、潘璋切断了关羽的去路。十二月，潘璋手下的司马马忠在章乡擒获关羽及其儿子关平。

很多人奇怪，关羽被擒，为什么不自杀？因为关羽也没想到孙权会杀他！于情于理，孙权都不应该也不可能杀关羽：于情，刘备和孙权是亲家；于理，孙、刘两家是联盟，虽然有纠纷，但也不至于赶尽杀绝。可以说，换成任何一个其他的领导，关羽都不会被杀。可是孙权把关羽杀了。

曾有一位外国读者在读到《三国演义》中关羽被杀的情节时，他这样描述自己当时的感受：我猛地站了起来，把书扔在地上，随便套上一双鞋，冲进雨里。外面一片漆黑，很冷，我望向天空想找寻月亮，但却找不到。今晚连星星都没有，只有雨。我想在天空找找有没有其他亮光，但没有，只有屋里摇曳的灯光。可是，这点光怎么能够点亮这片黑暗？我在发抖，我浑身湿透了，我需要一支烟。我从口袋里掏出烟盒，抓住一支烟。结果不到两秒钟，烟就已经湿透了。我低下头，想要点燃它，我用手挡着打火机，好让风雨不会熄灭它。我看着湿漉漉的柏油路，雨水从上面淌过，这真的是我看见过的最黑的东西。这黑色的液体就像一片虚无，不知道从哪儿来，也无处可去，把一切东西都冲刷干净。我发现我的想象力完全被冲垮了。我试着去想，关于关羽、我的人生和所有的一切，可一件事都回想不起来。我所有关于伟大的幻想与愿望全部变成了一片虚无。这让我很不爽。在过去的三周里，我的想象力完全是发散的。我所有的想象都是疯狂和宏大的。我计划过席卷世界的计谋和方法去恢复伟大的关羽的时代。但现在，那些伟大的幻想和成为伟大的人的愿望都毫无意义了，这个世界上最伟大的英雄居然屈死在这群不入流的人手中。阅读这个男人的人生曾给我希望：英雄们的事迹终将穿越时空，回响在历史的天空。他存在于书中、电影中、游戏中，但都不重要了。他的人生事迹淡去，留下我内心的空虚。烟已熄灭，末端还亮着火光，但也没什么好继续吸的。我把它扔在湿漉漉的柏油路上，听着余火被浇灭的嗞嗞声，烟蒂被冲走了。这本小说里的一首诗一直在我脑海中回旋，正常来说，我能想象这句诗所说的意境，但现在我只记得那几个字，却看不到里面的龙或凤——"龙游沟壑遭虾戏，凤入牢笼被鸟欺。"

关羽死了，伟大的关羽就这么轻飘飘地死了，连同他的梦想，以及无数人的梦想。而后张飞被害，刘备托孤，诸葛亮星落五丈原……那个精彩的、热血的、粗犷的英雄时代，随着关羽的离去，也一同被浪花淘尽了。

# 第六章 皇位与英雄的悲剧

# 苻坚／品行与皇位之间的困境

说到中国历史上最令人遗憾的帝王，应该非前秦的第三代皇帝宣昭帝苻坚莫属。他胸襟宽广，不分民族任人唯贤，雄才大略兼资文武，以战功统一北方。他的地盘比曹操大，也根本没有后来蒙、清南下的残暴，他的谦虚纳谏、爱民仁慈，几乎和后世有着少数民族血统的天可汗唐太宗一样。有这样一个二世皇帝，前秦按理应该是享国百年的，可为什么苻坚就没有成为唐太宗，甚至前秦在他死后仅仅九年就灭亡了？

苻坚来自氐族。氐族是一个古老的民族，从殷商时期就活跃于中国的历史舞台。汉代时，汉武帝开置武都郡（治所在今甘肃成县以西），氐族便在此安居乐业，和汉族杂居。建立前秦的氐族主要是由居住在略阳临渭（甘肃秦安东南）的苻氏建立的，它的奠基人是苻洪。苻洪便是苻坚的祖父。

苻洪在石虎手下的时候，随其到了邺城。苻雄是苻洪之季子,后赵建武中拜龙骧将军,头大足短,故军中称为"大头龙骧"。苻健十分看重他,曾经称赞他为"吾之姬旦"。

高平人徐统有知人之明,一次在路上遇见七岁的苻坚,十分惊奇,握住他的手问:"苻郎,这是皇帝走的御街,小儿敢戏于此,不怕司隶逮捕你吗?"苻坚说:"司隶只会逮罪人,不逮游戏的小儿。"徐统对左右说:"此儿有霸王之相。"左右不信,因为聪明的小孩子他们见多了,有成就的却寥寥无几。徐统说:"这不是你们所知道的。"后又遇到苻坚,徐统下车屏人,悄悄地对苻坚说:"苻郎骨相不一般,后当大贵,但我不会见到,如何!"苻坚回答:"诚如公言,不敢忘德。"

八岁时,苻坚请老师到家里教学。只会打打杀杀的苻洪很意外:"你是戎狄异类,世代都只知饮酒,现在还求学啊!"但仍很高兴,并称赞苻坚。苻坚因此学到了许多文化,并倾向于汉化。苻坚非常孝顺,博学多才,这对他以后的执政产生了巨大的影响。

351年苻健入关时,苻坚十三岁。苻健曾梦见天神遣朱衣赤冠的使者来,命自己拜苻坚为"龙骧将军"(灭吴的王濬是第一个,从苻洪、苻雄开始,连续有几个当过龙骧将军的人当上了皇帝,这是一个有趣的巧合),古人都很信梦,苻健第二日就筑坛于曲沃授给苻坚这一称号。苻健哭着对苻坚说:"你祖父昔日受此将军称号,今天你再次为神明所命,你怎可不勉之!"受职仪式上,苻坚挥剑捶马,耀武扬威,士卒莫不惮服。

苻坚素有经济天下的大志，交结各路英豪，有王猛、吕婆楼、强汪、梁平老等王佐之才为羽翼。当初，原为姚襄部曲的太原人薛赞、略阳人权翼一见到他就惊叹："非常人也！"到了苻生嗣位，二人劝说苻坚夺位。苻坚也同意了。苻生因残虐无度被苻坚兄弟所杀，苻坚登基称"大秦天王"，改元永兴。

苻坚虽然年轻，却是英姿勃发，颇懂用人之道，一上来就诛杀苻生的幸臣董龙、赵韶等二十余人，大快人心；又不分民族和贵贱，任人唯贤，使国力迅速发展。他即位前，前秦的地盘不过关中周围，潼关以东是慕容氏的燕国，长江流域是东晋的地盘，东晋还经常发动主动攻击。前秦原本只是一个小小的国家，而在君臣的齐心协力之下，焕发了勃勃生机，一时战功赫赫，政治大治，百姓安生，成为当时最强大的国家。

苻坚是一个"博学多才艺，有经济大志"的君主。他得以大展宏图，则是在王猛辅佐下，通过改革而实现的。

苻坚的一个亲戚酗酒昏乱，肆意横行，成为百姓的一大祸害。王猛把他抓起来杀了，暴尸街市。中丞邓羌，性情耿直，不屈不挠，他和王猛齐心协力，几十天之内，处死不法的皇亲国戚、地方豪强二十几人。于是上下百官个个惊服，道德教化风行全国。苻坚感叹地说："我现在才明白，治理天下只有讲究法制，天子才更加尊贵。"于是派遣使者巡视四方及少数民族各个部落，各地若有孤寡年老无法生活的，地方官吏乱用刑罚给百姓造成痛苦的，品行端正、疾恶如仇的，鼓励农桑、方便群众的，或者好学尽孝、义女烈妇、努力种田的，令各地方官员分条上报。

王猛权倾内外，苻坚却对他无比宠信，王猛多次推辞官职，苻坚都不准。国戚旧臣都心怀妒忌，尚书仇腾、丞相长史席宝二人数次谮毁他，苻坚不但不信反而大怒，黜仇腾为甘松护军，席宝以平民代理长史，见苻坚态度如此坚决，上下皆服，莫有敢言。

氐族豪强多是跟随苻健从枋头（今河南卫辉东北）入关的开国元勋，其中位居特进的樊世也在前秦立下过大功，负气倨傲，当众侮辱王猛："君无汗马之劳，何敢专管大任？这不是我来耕种而你白吃吗？"王猛却说："还要让你当宰夫，岂止耕种而已。"樊世大怒："我要悬你的狗头于长安城门，不这样我就不处于世。"苻坚得知，大怒说："必须杀此老氐，然后百僚可整。"苻坚就设了个计。接着樊世入宫言事，苻坚就假意对王猛说想要让杨璧娶公主，问杨璧这个人怎么样。樊世听到，勃然大怒："杨璧，臣之婿也，婚已久定，陛下怎能让他娶公主！"王猛责备说："陛下富有海内，而君敢竞婚，是为二天子，安有上下！"樊世怒起，要打王猛，被左右拉住。樊世遂丑言大骂，苻坚发怒，命斩之于西厩。诸氐纷纷说王猛之短，苻坚更加大怒，谩骂他们，甚至鞭挞于殿庭，在权翼劝谏后才停止，自此公卿以下无不惮王猛。

王猛宰政公平，提拔贤才，"外修兵革，内崇儒学，劝课农桑，教以廉耻，无罪而不刑，无才而不任，庶绩咸熙，百揆时叙",这些政绩和诸葛亮的也很类似,"于是兵强国富,垂及升平,猛之力也"。苻坚曾经对王猛说:"您这样夙夜不懈,忧勤万机,我就像周文王得姜太公,将优游无事。"

苻坚对王猛的信任,可以说是刘备对诸葛亮似的鱼水关系(刘备比孔明年长二十岁,而苻坚却比王猛小十三岁),苻坚还常敕其太子苻宏、长乐公苻丕等说:"汝事王公,如事我也。"这也和刘备让三子父事诸葛亮类似。作为一个氐人,实在是难能可贵。后来以王猛担任丞相、司徒。军国内外万机之务,事无巨细,莫不归之。苻坚对于其他降将,如致命的姚苌、慕容垂都是用人不疑。

在苻坚君臣通力合作、励精图治下,前秦蒸蒸日上,达到了"路不拾遗,风化大行"的高度,成为乱世的一片绿洲。百姓自编歌谣唱道:"长安大街旁,夹路种杨槐。路上走大车,树顶栖凤凰。英杰同相聚,教诲百姓忙。"

当时匈奴族的左贤王卫辰派使者向苻坚投降,并请求在内地拨给一部分田地,苻坚答应了他的请求。云中郡护军贾雍派遣他的司马徐斌率骑兵袭击了卫辰,军队还乘机掠夺了匈奴人的财物。苻坚对此大为恼火,他说:"我正在学习春秋时魏绛的办法,与匈奴人和好,我们不能因小利而失信。过去楚、吴两国的战争,是因养蚕的妇女而打起来的,过去梁、宋两国边境上都种瓜,宋边军嫉妒梁国种的瓜好,乘夜毁了梁国的瓜田,梁国不仅没有以牙还牙,反而派人把宋国的瓜浇好,结果免去了一场战争。所以,不管仇怨多大,事情多小,处理不好，边境遭受骚乱，百姓不得安生，对国家是很不利的。夺取的财物，要如数归还。"于是免去贾雍的官职，但仍然让他指挥护军，并由他派遣使者，与匈奴人和好，表示出虔诚的信义。卫辰于是率领族众居住在内地，经常向朝廷贡献特产。这样一来，乌丸的独孤、鲜卑的没奕于等又率众数万人来向苻坚投降。苻坚首先想把他们安置在内地，苻融建议说："匈奴人成为边患，自古即是如此。现在他们不敢贸然南下，是因为他们畏惧我们有威慑力量。现在安置在内地，他们看到自己日益被削弱，将要骚扰各郡县，成为北部边境的祸害。不如把他们迁往塞外，作为附属对待更好。"苻坚采纳了他的意见。

建立前燕的是鲜卑族的慕容氏。晋武帝时，慕容瑰率部移居辽西，遣使与晋通好，晋任命他为鲜卑都督。后来，他活动于徒河（今辽宁锦州）和棘城（今辽宁义县）一带，开始经营农业，仿照魏晋建立政治、法律制度。晋末中原大乱，一批汉族官僚地主和人民投奔慕容瑰。晋咸康三年（337年），慕容皝自称燕王，建立前燕，迁都龙城。慕容皝死后，第二子慕容儁即燕王位，慕容部开始进入中原。慕容儁乘石虎死后河北大乱之际攻下蓟城（今天津蓟州）。晋永和八年（352年），他称帝于中山（今河北定州），后迁都邺。慕容儁死后，第三子慕容暐继位，政治日益腐败。这时，前燕的社会矛盾已经很尖锐了。

晋太和四年（369年），晋朝大司马桓温讨伐前燕皇帝慕容暐，驻扎在枋头。慕容暐屡次被打败，于是，派遣使者向苻坚求援，以割让武牢以西的土地作为前秦出兵的报答。苻坚本来就想与前燕慕容暐横向联合，当慕容暐提出求援条件后，苻坚当即就派将领苟池等率步兵、骑兵二万人前去救慕容暐。不久，晋军被打败，收兵回朝，苟池于是也返回前燕。

当时，慕容垂因逃避迫害，投奔了苻坚。王猛劝苻坚说："慕容垂是燕国君主的亲属，他们家世代在东部称雄，而他又对部属素有恩惠，燕赵很多人都有拥戴他做君主的意向。我看他的才略，权变智慧，随机而出，再加上他的儿子们都明达干练，所以，他是人中的豪杰。他就像蛟龙猛兽，是不可驯服的动物。不如趁此机会将他除掉。"苻坚说道："我正在用仁义这面旗子招纳英雄豪杰，以建立不朽的功业。况且，他刚来的时候，我曾向他表明以诚相待，现在若是杀了他，别人将怎样说我呢？"

晋朝的军队撤退以后，慕容暐后悔将武牢以西的土地割让给苻坚，于是派遣使者对苻坚说："以前所说的割让土地，是使者的失言。有国有家的人，互相分担灾害，拯救祸患，是人间的常理。"苻坚听了大怒，派遣王猛与建威将军梁成、邓羌率领步兵、骑兵三万人，封慕容垂为冠军将军，并作为向导，攻击洛阳慕容暐部下洛州刺史慕容筑。慕容暐派将军慕容臧率领精兵十万人，为慕容筑解围。王猛派梁成等率精兵一万人兼程截击，在荥阳将慕容臧打得大败。慕容筑害怕了，于是乞求投降，王猛摆开阵势，接受了他的投降，接着，留下邓羌镇守金墉，自己整军回师。

晋太和五年（370年），苻坚又派遣王猛率领杨安、张蚝、邓羌等十位将领，率领步兵、骑兵六万人讨伐慕容暐。苻坚亲自送王猛等到霸桥以东，对王猛说："现在给您派遣了精锐的兵力，并托付以重要的职责，您应该从壶关、上党道出潞川，这是一条便捷的路线，以此打他个迅雷不及掩耳。我亲自率大军作为您的后续，我们在邺城相见。现在，我已命令漕运军粮，您只管尽力杀敌，不要有后顾之忧。"王猛说："我是个庸碌、低劣的人，没有多高的修养，承蒙陛下您的恩德，我才能参加运筹帷幄的行列，现在出兵统率军队，凭借祖宗的保佑和陛下您的英明决策，残敌定能很快被消灭。希望不烦扰陛下您亲自出征，受风霜之苦。我虽然不才，但希望能尽快报捷。请陛下命令有关方面，准备安置鲜卑俘虏的场所。"苻坚非常高兴，于是命令出兵。杨安攻晋阳，王猛攻壶关，俘获了慕容暐的上党太守慕容越，一路上经过的各郡县都投降了王猛，王猛留下屯骑校尉苟苌戍守壶关。

慕容暐派遣太傅慕容评率兵四十多万救援壶关、晋阳二城，慕容评因害怕王猛而不敢前进，将兵驻扎在潞川。王猛留下将军毛当驻守晋阳，进兵与慕容评对峙。王猛派游击郭庆率领五千精兵，趁夜从小道绕到慕容评兵营的背后，沿山放火，大火烧毁了慕容评的辎重。慕容暐害怕了，派遣使者责备慕容评，催促他速战速决。王猛清楚慕容评进退两难，有可乘之机。当时，正碰上慕容评求战，王猛便在渭水之滨摆下阵势，为鼓舞士气，他对士兵们说道："我王猛受国家厚恩，兼任内外,现在和大家深入敌境,我们都应该各自奋进,不可退却。希望大家在阵前效力,以报答朝廷的恩惠。得胜以后,大家在朝廷中领受爵赏,父母妻子也摆酒庆贺,这不是很美的事吗?"士兵个个摩拳擦掌,砸锅弃粮,大声高喊,奋勇前进。慕容评的军队大败,被俘获、斩首五万多人,王猛军又乘胜追击,进而再率兵前往围困邺城。

苻坚得到消息,亲自率领精兵十万向邺城进发,历经七天的行军,来到了安阳,路过旧居,会见邻里诸位前辈,说起他祖父当年的情况,不觉潸然泪下,于是在旧居停留了两天。王猛悄悄地到安阳迎接苻坚,苻坚对他说:"汉代的周亚夫为戒备胡人,不离开军队去迎接汉文帝,将军你为什么面对敌人而离开了自己的军队呢?"王猛说:"我读书时,每当读到周亚夫的故事,总是觉得他在军前不去迎接君主,并因此而被人称为名将,不足以称道。我按照陛下您的神机妙算,打击垂亡的敌人,就像摧枯拉朽一样,不必多虑。太子年幼,陛下您远道出征,若有不测,怎么对得起先帝祖宗!"

苻坚于是指挥攻陷了邺城。慕容暐逃到高阳,苻坚的将领郭庆将他抓获并送回。苻坚进入邺城宫殿,查看了前燕所属地方的人口户籍。各州郡的牧守和从属于前燕的少数民族首领都投降了苻坚。郭庆穷追败军,慕容评逃到高句丽,郭庆追到辽海时,高句丽将慕容评绑交郭庆。苻坚把慕容暐的宫女、财宝赏赐给将士,按照功劳的大小进行封赏。封王猛为使持节、都督关东六州诸军事、车骑大将军、开府仪同三司、冀州牧,镇守邺城。

前凉为汉人张轨所建。他原是西晋凉州刺史。晋末大乱，"避难之国，唯凉土耳"，因此有大量汉人逃向那里，"中州避难来者，日月相继"。张轨及其后继者对流民采取招抚政策，"课农桑，拔贤才，置崇文祭酒，征九郡胄子五百人，立学校以教之"。故凉州成为当时少有的安定地区之一。

363年，前凉张天锡自立为大都督、大将军、凉州牧，掌管凉国。建元十二年（376年）八月，苻坚派尚书郎阎负、梁殊作为军使，带书信去征召张天锡，又派使持节、武卫将军苟苌受命统左将军毛盛、中书令梁熙、步兵校尉姚苌等步骑十三万伐凉。秦州刺史苟池、河州刺史李辨、凉州刺史王统等率三州之众为后继。苻坚亲至长安城西饯行，犒赏从征将士。秦军兵马雄壮，装备精良，"戎狄以来，未之有也"。

阎负等到达凉州，张天锡自以为是晋朝的附庸，一心一意要保卫疆土，于是命令将阎负等杀掉，并派将领马建出兵迎击苟苌等。不多久，梁熙、王统等从清石津出兵，在河会城攻击张天锡的将领梁粲，河会城被攻陷。苟苌从石城津渡河，与梁熙等会师，又合攻下了缠缩城。马建害怕了，从杨非退守清塞。张天锡又派将军掌据率兵三万，与马建联合在洪池布阵。苟苌派姚苌率三千兵士阵前挑战，张天锡的将领们劝掌据出击，以挫败敌人的锐气，掌据没答应。张天锡亲自率中军三万人驻扎在金昌。苟苌、梁熙听说张天锡率兵逼近了，猛攻掌据、马建，马建投降了，他们又攻掌据，结果，掌据和他的军司席仇都被斩杀。苟苌率兵进入清塞城，居高列阵。张天锡又派司兵赵充哲为前锋，率精壮勇敢的士兵五万，在赤岸与苟苌等展开大战，赵充哲大败。张天锡害怕了，率兵逃回姑臧，向苟苌递表投降。苟苌来到姑臧，张天锡乘坐白车白马，自我捆绑，抬着棺材，在军前投降。苟苌亲自为张天锡解开绳索，并烧掉棺材，送他到长安。接着，张天锡所属的各郡县都投降了苻坚。苻坚任命梁熙为持节、西中郎将、凉州刺史、领护西羌校尉，镇守姑臧。又迁徙原张天锡属地的富豪七千多户到关中，又向百姓征收五种税，共收金银一万三千斤，全部用来赏赐出征的将士，除此，其他的都安然如故。苻坚赐给张天锡重光县东宁乡二百民户，封他为归义侯。当初，苟苌等将领征伐张天锡的时候，苻坚就在长安为张天锡建了一栋住宅，这时，张天锡就住在那房子里。

当初，仇池氐族部落的杨世献地向苻坚投降，苻坚任命他为平南将军、秦州刺史、仇池公，后来，他又归顺了晋朝。杨世死后，他儿子杨纂继承了他的职位，于是，他接受晋朝的封爵，而与苻坚断绝了关系。杨世的弟弟杨统英武善战，很得人心，他在武都起兵，与杨纂争夺地盘。苻坚派将领苻雅、杨安和益州刺史王统率步兵、骑兵七万，先攻取仇池，继而图谋攻取宁益。苻雅等人驻扎在鹫陕，杨纂率兵五万来抗击苻雅。晋朝的梁州刺史杨亮派遣督护郭宝率骑兵千余人前来救援，在陕中展开大战，结果被苻雅等打败，杨纂收拾残兵败将退走。苻雅进攻仇池，杨统率领武都的兵众投降了苻雅。杨纂的将领杨他派他的儿子杨硕秘密地投降了苻雅，并请求作为内应。杨纂害怕了，于是自缚投降，苻雅亲自为他解开绳索，将他送往长安。苻坚任杨统为平远将军、南秦州刺史，加封杨安为都督，镇守仇池。

苻坚平定凉州后，又任安北将军、幽州刺史苻洛为北讨大都督，率领幽州兵士十万讨伐代王涉翼犍。又派遣后将军俱难和邓羌等率领步兵、骑兵二十万人，向东出兵和龙，向西出兵上郡，与苻洛在涉翼犍的老巢会师。涉翼犍被打败，逃到弱水。苻洛率兵追击，涉翼犍处于困境，于是退到阴山，他的儿子涉翼圭把他抓了起来，并请求投降，苻洛收降涉翼犍后整军而回，按级别对将士们分别给予奖赏。苻坚认为涉翼犍野蛮无知，未受仁义道德的熏陶，于是让他到太学去学习礼仪。又认为涉翼圭抓父请降，是不孝的表现，于是把他流放到蜀地。苻坚将涉翼犍所统属的部落分散安排在汉代的边郡故地，在当地设立尉、监等机构，由苻坚派去的官员领导监督，让部落民众各操其业，维持生计，每十五人中抽一人充兵，免除三年的租税。他们部落的首领，每年年终都要向朝廷贡献特产，出入往来都严加限制。苻坚曾经到太学巡视，他把涉翼犍召来问道："中原用学问来修养性情，人都长寿，大漠以北的人吃牛羊肉而短命。这是为什么呢？"涉翼犍回答不了。苻坚又问："你的部落中如有人能当将领，可以召来，国家将加以任用。"涉翼犍回答说："漠北之人善于捕捉各种牲畜，能骑马奔驰，逐水草而居罢了，怎会有当将领的材料。"苻坚又问："你爱学习吗?"涉翼犍回答说:"若是不爱学习,陛下您派人教我干什么?"苻坚对他的回答感到满意。

  前秦帝国的崩溃起于淝水之战。前秦在统一中国北方后,已经达到极盛,是五胡十六国时期疆域最大的政权。苻坚打算消灭东晋,成为正统政权。378年4月,苻坚发动了对东晋的战争,他把矛头对准了襄阳。襄阳位于秦岭淮河的中间地带。从襄阳出发,向东可直驱随州,到达义阳三关;向南可抵达荆州,广袤的江汉平原无险可守,直接进入长江沿线,顺江而下、威胁下游;向北则进入中原,不远处就是许昌、洛阳;向西可达汉中、长安。占据襄阳是占领南方的必要条件。

  苻坚任命长子苻丕为征南大将军、都督征讨诸军事,担任这场战争的总指挥。前秦分兵四路:第一路,苻丕与苟苌率主力七万军队直扑襄阳;第二路,石越率一万精锐骑兵为东路,兵出鲁阳关;第三路,慕容垂与姚苌率五万军队为西路,兵出南乡;第四路,苟池、毛当等人率领四万为西路,兵出武当。四路人马约期会师于汉水北岸,共同进攻襄阳。

  苻丕进攻襄阳时,准备采取猛攻的战术,苟苌规劝道:"现在我们凭借十倍于敌的兵力,堆积如山的粮食,只需把荆楚的百姓迁移到许昌、洛阳,断绝敌人的粮运,使他们形成一种外援断绝、粮食吃尽而又无人耕种的局面,这样便可不攻自破,何必猛攻造成将士的伤亡呢!"苻丕采纳了他的建议。

  苻丕围了襄阳半年,朝廷中御史中丞李柔弹劾苻丕把军队拖垮了,而没有任何战功。苻坚说:"苻丕等人耗费巨大而又无所成就，确实应该受到贬斥和诛杀，但是，出兵这么久，不能就这样虚行而回，应该让他立功赎罪。"于是，派黄门侍郎韦华带着符节去责备苻丕等人，并带给苻丕一口宝剑，说道："若是明年春天还不能取胜，你就用这口宝剑自杀，不要厚着脸皮来见我。"苻丕接到命令后，发起进攻，前秦终于成功攻克襄阳，抓获襄阳的守将朱序。苻坚认为，朱序能坚守气节，奋战到底，便授予他官度支尚书。

之后，苻坚发动步兵六十万，骑兵二十七万，总共八十七万军队，向东晋进发。他任命苻融为征南大将军，担任前线总指挥，率领张蚝、慕容垂以及步骑二十五万人为先锋。东晋朝廷任命谢玄为前线总指挥，率领八万北府兵前去应敌。

苻融率领主力部队渡过淮河，没多久就攻克了淮南重镇寿阳。西路，慕容垂攻克了郧城（今湖北安陆）。东晋胡彬率领水师，支援寿阳，听说寿阳失陷后，临近驻扎于硖石。苻融立刻将硖石包围。胡彬被包围，不能久持，写了一封求救信："今贼盛粮尽，恐不复见大军。"

结果信被秦军截获。苻融立刻写信给苻坚汇报："贼少易擒，但恐逃去，宜速赴之！"苻坚闻讯，舍弃大军赶到了寿阳。朱序知道苻坚来到寿阳，想要反叛，于是背着苻坚，见到谢石后说："如果秦国的百万兵众全部抵达，确实难以与他们抗衡。如今他们各路军队尚未会集，我们应该迅速攻击他们。只要击败了他们的先头部队，打击他们的士气，就有取胜的机会。"

晋军转守为攻，向寿阳城逼近。秦军紧逼淝水布阵，东晋希望秦军后撤一些，让他们渡过淝水再打仗。秦军想趁着晋军过河的时候，"半渡而击之"，一举击溃晋军。于是苻融挥舞旗帜，指挥士兵后退。由于前秦军队过于庞大，后军不知前方发生了何事，以为后退是战败了，军心动摇。晋军渡过淝水，乘势掩杀，势不可当。慌乱之下，秦军根本无力反击。东晋顺利收复寿阳，前秦军大败。

前秦在淝水之战后迅速分崩离析，被征服的政权纷纷独立。河南地区丁零，关东地区鲜卑慕容垂，关中地区鲜卑慕容冲、慕容泓，羌族姚苌，陇西乞伏鲜卑，代北拓跋鲜卑纷纷起兵，前秦统治摇摇欲坠。前秦征战各方，打败各个少数民族政权，每次战争胜利后都会将被征服的各族人民迁往关中地区。同时，为了有效控制广阔的领土，在统一北方后，苻坚将大量氐人远迁到关东的洛阳、晋阳、邺城、幽州、和龙等地镇守。前秦由于力量分散，一旦关中出现混乱，就无法立即控制局势。

淝水之战前秦战败后，苻坚带着几千人逃奔慕容垂。慕容垂一心想要恢复燕国，恰好他的儿子慕容宝也劝说慕容垂杀掉苻坚。苻坚待慕容垂有恩，慕容垂犹豫再三，没有杀掉苻坚。苻坚在慕容垂那里稍做整顿，便启程返回关中的大本营。途中，慕容垂深知，一旦随苻坚入关，东返必难，便提出去关东平叛。慕容垂到关东后，立刻起兵。

受到慕容垂的影响，慕容暐的弟弟慕容泓也聚众造反。苻坚派儿子苻睿和姚苌去攻打慕容泓。结果前秦军大败，主帅苻睿战死。姚苌派遣自己的长史去向苻坚请罪，结果被苻坚杀掉，姚苌才被逼起兵反秦。

苻坚坚守长安达数月之久，最后还是不得不向西逃去。苻坚逃到五将山，被姚苌大军围困。苻坚知道自己活不了，为了不让自己的女儿受到侮辱，他便先杀了苻宝、苻锦，苻坚最后也被姚苌杀死。

苻坚死后，八月，长子苻丕在晋阳即位。次年，姚苌在长安建立了后秦。

姚苌虽然美梦成真，果真穿上了龙袍，登上了御座，但是噩梦也紧接着来了。姚苌回到秦州，多次被苻坚的族孙苻登（苻丕之后为帝）击败，姚苌为了泄愤，就毫无人性地挖掘出已死多年的苻坚尸体，鞭打无数次，还把衣服剥得精光赤裸，用荆棘垫着，随便挖个坑就埋了。二十年前，前秦的苻黄眉本来要杀姚苌，在绑赴刑场处斩时，是被当时还是亲王的苻坚救下来，而其行为却是以怨报德，禽兽不如，残忍如此，令人发指。

令人啼笑皆非的是，姚苌再战再败，他以为苻坚的神灵在保佑苻登，就在军中立了个苻坚的神主位，请求："今为陛下立神像，可归休于此，勿计臣过，听臣至诚。"苻登进攻姚苌，对姚苌大骂："自古及今，哪有杀君而反立神像请福而望有益的！"接着大呼："杀君贼姚苌出来，我与你决战，不要枉害无辜！"姚苌惮而不应，他自立了苻坚的神像后，依然战未有利，军中惊恐。姚苌很气愤，干脆斩苻坚神像之首以送苻登。

姚苌继续与苻登对峙，最终在安定和平凉大败苻登。394年，姚苌回长安，刚到达新支堡就患了重病，梦见苻坚带领天官使者、鬼兵数百突入营中，姚苌恐惧走入后宫，宫人迎姚苌之面刺鬼，误中姚苌的阴茎，鬼相互说："正中死处。"拔矛出，出血一石多。姚苌醒后惊悸不已，遂患阴肿，医生刺之，出血如梦。姚苌遂发狂，称"杀陛下者是我兄姚襄，非臣之罪，愿不枉臣"，迅即就死了，时年六十四岁，在位八年。苻坚和姚苌两个皇帝的生死恩怨就此结束，留下了历史的惋叹。

历史学家范文澜曾说："苻坚在皇帝群中是个优秀的皇帝。他最亲信的辅佐王猛，在将相群中也是第一流的将相。"这是确论。总结苻坚的成败，可以用三句话来说明："成也仁政，败也仁政；成也龙骧，败也龙骧；成也纳谏，败也纳谏。"

# 李存勖 / 英勇与权谋的对决

唐朝灭亡以后,在中原地区相继出现了后梁、后唐、后晋、后汉、后周五个朝代,史称"五代"。五代历时五十四年(907—960年)。

英雄立马起沙陀,奈此朱梁跋扈何。

只手难扶唐社稷,连城犹拥晋山河。

风云帐下奇儿在,鼓角灯前老泪多。

萧瑟三垂冈下路,至今人唱《百年歌》。

这首雄浑古朴的诗歌吟唱的是残唐五代时的一位传奇人物——后唐庄宗李存勖。

在前半生,他用热血与英勇打造了一个国家;在后半生,他用乐器和吝啬摧毁了一个王朝。

李存勖自小长相卓尔不群,成年以后英明神武,素以勇猛善战闻名,又长于谋略,生前统一大部中国,开启后唐中兴霸业,和后梁血战十余年,大小百余战,作战英勇异常。世人论五代诸帝,皆以庄宗为武功最盛。

李存勖会打天下,却不懂得治天下,宠幸伶人,重用宦官,又各啬钱财,不懂抚恤士兵,三年即兵变被杀,失败之速,亦是罕见。

李存勖是晋王李克用的长子,从小喜欢骑马射箭,胆量超人,所以,武夫李克用很是宠爱这个孩子。他十一岁那年跟随父亲出征作战,得胜后随父亲到长安向唐室报功。当时的唐昭宗一见到这个小将,就深深地喜欢上了他,先赏赐他翡翠盘等珍宝,然后抚摸着他的背说:"这孩子真是长相出奇,日后必定是国家栋梁之材,到时可千万不要忘了为我大唐尽忠啊!"

过了些时候,唐昭宗看着李存勖,对别人说道:"此子可亚其父!"李克用急忙谢恩,谢皇帝赐儿子大名。从此以后,李存勖又被人称为李亚子。

李存勖的父亲李克用因镇压黄巢起义和救驾之功,被唐昭宗封为晋王,控制了山西一带,驻节太原,建立河东割据势力(晋国)。当时梁王朱温(852—912年)治所开封,与晋阳相隔几百公里。在唐朝末年,晋阳、开封和长安形成三边之势,李克用与朱温为争夺中原霸权,进行了二十余年的梁晋争霸战争。朱温甚至设计杀害李克用的弟弟李克恭,因此,李克用对朱温恨之入骨,他临死前要求儿子李存勖立誓为自己报这二十多年的大仇,并嘱咐他说:"梁,吾仇也;燕王吾所立也,契丹与吾结为兄弟,而皆背晋以归梁。此三者,吾遗恨也。与尔三矢，尔其无忘乃父之志。"天祐五年（908年），李克用离世，二十四岁的李存勖继位。当李存勖还没有从丧父的沉痛中走出来时，危险已经四伏。官员张承业警告李存勖道："夫孝在不坠家业，不同匹夫之孝。"希望他赶紧从伤痛中走出来，面对现实。

李克用有众多养子，这些养子又有自己的兄弟和养子，这个群体有上千人之多，并组成一支部队，号称"义儿军"。收养这些养子的目的在于补充军事人才。这些养子中的李存颢、李存实等人自恃手握军权，又年长于李存勖，对李存勖继位颇不服气，心怀不满。他们"或托疾不朝，或见而不拜"，甚至怂恿李存勖的叔父李克宁发动叛乱，意欲谋害李存勖。

李存勖的叔父李克宁是李克用最小的弟弟，李克宁是兄长事业的忠实支柱。从与北部边疆的对手作战，到后来被唐朝廷赶到鞑靼，再到后来重新进入中原镇压黄巢之乱，"克宁未尝不从行"。李克用在军中的事情，也都会与李克宁商议，然后再做决策。在李克用去世后，李克宁大力整顿军中将领，暗暗地做权力的移交。李存勖沉着应对，在监军张承业、大将李存璋等人的支持下，抢先行动，在府中埋伏甲士，擒拿李克宁、李存颢等人，初步稳固了国内政局。

稳定国内政局后，李存勖就和大将周德威一起去解潞州之围。潞州城是一年前父亲李克用在梁军中夺取的，一直被梁军包围着。天祐五年（908年）五月初，李存勖命李嗣源和周德威兵分两路攻打梁军夹寨，他自己则从南面进攻。梁军瞬间被破，损失一万多人。在那场战争中，李存勖在盔甲之下还身穿着白色丧服。

梁朝为了加强对中原的控制，对赵用兵，而且梁祖朱温也亲率军队北上攻赵。赵王王镕、燕王王处直先后遣使向李存勖求援，表示愿与晋国结成反梁同盟，共推李存勖为盟主。军中几乎所有将领都反对援赵，他们认为赵一贯反复无常，如若派兵援救，必须先让赵证明自己的诚意。李存勖力排众议，毅然发兵相救。他亲率晋军东进，于当年十二月进至距离柏乡五里处的野河北岸，与梁军隔河对峙。天祐八年（911年）正月，晋军获得了决定性的胜利。胜利者获得大量的粮食、武器和甲胄，以及三千匹马。梁军的死亡人数据说超过两万，另外有三百名将校选择投降。通过此仗，晋赵结盟。天祐八年（911年）七月，李存勖在承天军（今山西平定东北）会见王镕，以肯定彼此之间契约的重要性。

柏乡之战后，李存勖决定先夺取河北地区，以消除后顾之忧，首要目标便是幽州节度使的燕王、刘仁恭、刘守光。刘仁恭原本效力于卢龙节度使帐下，颇有战功，但他于景福二年（893年）发动兵变攻打幽州，失败后刘仁恭投靠李克用，并借助李克用的力量最终攻克幽州，还当上了卢龙节度使。志得意满的刘仁恭背叛了李克用。天祐四年（907年），刘仁恭被儿子刘守光推翻并囚禁。燕王刘守光最初忠于晋，并承诺采取联合行动对付他们共同的敌人梁。天祐八年（911年），李存勖还派使者授予刘守光"尚父"和"尚书令"。但当年八月，刘守光就背叛了晋,囚禁了晋使,并宣布称帝,国号大燕,史称桀燕。当年十二月,李存勖命周德威、李嗣源讨伐燕。

当时,晋军与梁军进行拉锯战,晋军前线深受梁军困扰,而且梁还出兵援救燕。在此情况下,新的转机出现,天祐九年(912年)六月,梁太祖朱温被刺身亡。其私生子朱友珪继位后只统治了半年,就被一次宫廷政变给推翻了,彼时梁朝内部十分不稳定。

这之后,燕王失去盟友,许多燕将也向晋国投降,迫使刘守光恳求停战。李存勖于天祐十年(913年)十一月去往北方前线,与刘守光和谈。不料和谈失败,李存勖下令大军攻城。晋军同时从四个方向翻越过幽州雄伟的城墙,仅仅一天,幽州城就被攻陷了。晋王在占领幽州两周后就离开了这里,他让伐燕大军的统帅周德威留下来,担任卢龙节度使。李存勖的势力也因此从山西扩展到了幽州一带。

到天祐十三年(916年)年末,晋已经掌握了黄河北岸的大部分土地,晋与北方契丹的关系急转直下。天祐十三年(916年),耶律阿保机正式按照汉人的标准建立起自己的王朝,这就是后来的辽。

契丹是中国北部边地的游牧族群之一。天祐二年(905年),阿保机与李克用"约为兄弟"。但不到两年,梁推翻了唐朝之后,阿保机便与之缔结了外交关系。随着契丹势力迅速崛起,阿保机不断率领铁骑南下侵扰,他对山西北部,尤其是云州地区发动了进攻,侵害了晋的利益,这让李克用愤愤不平。

天祐十四年（917年）春，李存勖手下一名驻扎在新州（今河南新野）的将领投降了契丹，为契丹带路攻打新州。契丹派大军进攻新州，并乘胜追击围困了幽州城。据史料记载，这支军队号称有三十万人。李存勖命李存审、李嗣源驰援幽州，后来阎宝也率领他的援兵加入其中。契丹部队无论是士兵的数量还是质量都占有优势，不过，阿保机率领大军长途奔袭，军粮供给不及时，他们便抢掠地方村庄以补给粮食。晋军抓住契丹的弱点，集中兵力奇袭阿保机。李嗣源以三千骑兵突击，契丹近万名骑兵飞速出战，与李存审、李嗣源军遭遇，一场大战开始了。史载："存审、嗣源极力以拒之，契丹大败，委弃毳幕、毡庐、弓矢、羊马不可胜纪，进军追讨，俘斩万计。"这场惨烈的遭遇战以李氏军团大胜而结束，契丹军和物资损失惨重。很快，幽州之围得解。阿保机于921年重整兵力，卷土重来，攻陷了涿州（今河北涿州），进而围攻定州（今河北定州）。这一次，李存勖打算亲率五千骑兵救援。很多幕僚担心此行会给后梁以可乘之机，因为南边晋军正在与梁军全面开战。但李存勖力排众议，出其不意地突袭契丹军，大获全胜，俘虏了阿保机的儿子，阿保机被迫暂时退兵。李存勖乘胜追击，重创契丹军。经此一役，契丹许久不敢再来进犯。

起初，李存勖继承其父遗志，尚有所作为，他在北面打败了契丹，在东面灭掉了幽州刘仁恭父子的割据势力，于灭后梁当年四月称帝，国号唐，改元同光，建都洛阳，史称"后唐"。但李存勖灭后梁后，骄恣荒淫日甚，不问政治，宠信宦官和伶人，疑忌功臣，搞得众叛亲离。

后唐同光三年，也就是925年，已经做了三年皇帝的李存勖想盖一座高楼避暑。他派人去问大臣郭崇韬："当年在黄河之畔，我披铠跨马，与梁军作战，即便严寒酷暑，也从没觉得辛苦。如今住在这深广多荫的宫殿里，却仍然感到难以忍受。这是为什么呢？"郭崇韬回答："当年陛下心里想的是天下，如今想的是自己。希望陛下不要忘了创业时的艰难，自然就不会觉得天气炎热了。"李存勖听罢，默默无语。不久之后，那座避暑的高楼还是建起来了。也因此，李存勖还对郭崇韬起了猜忌之心。

李存勖十分爱好音律戏曲，还会亲自扮演登场，并自号"李天下"。他置百战建勋的将士于不顾，偏去封赏并无寸功的伶官，因而伶人们恃宠怙势，出入宫掖，侮弄朝臣。

李存勖最宠爱的一个戏子叫景进，只要景进在他面前说谁的不是，谁就会遭殃。所以，群臣见了景进格外害怕。李存勖又封两个戏子去当刺史，许多将士见自己身经百战而做不到大官，心中早已怨愤难忍。

当然，这还不是李存勖身死的最主要原因，导致其身死的一个最主要原因就是，他和他掌管国库的老婆都很抠门。当各地叛乱四起时，去平叛的军队得不到军饷。当李嗣源向都城杀来时，李存勖的军队严重缺饷，有大臣建议拿钱出来慰劳士兵，可李存勖的皇后居然使了一个下三滥的招数。她把三个年

第六章 皇位与英雄的悲剧

幼的皇子带出来，气呼呼地对要钱的大臣说："你们以为做皇帝的真有钱吗？其实早就随军赏光了，现在就剩下这三个小鬼，你们把他们卖了当军饷吧！"

众大臣见到皇后这副嘴脸，又见皇帝一声不吭，只好无奈地走了。

许多士兵因为得不到军饷，都纷纷逃到李嗣源的军队里。同光四年二月，戍守瓦桥关的士兵突然发动兵变，一路长驱直入，攻克京师，并拥立李嗣源为帝。李存勖仓皇迎战，不幸被流矢射死，终年四十二岁。李存勖死后葬于雍陵（今河南新安境内），庙号庄宗。

欧阳修在《伶官传序》里评价李存勖："忧劳可以兴国，逸豫可以亡身，自然之理也。故方其盛也，举天下之豪杰，莫能与之争；及其衰也，数十伶人困之，而身死国灭，为天下笑。夫祸患常积于忽微，而智勇多困于所溺，岂独伶人也哉！盛衰之理，虽曰天命，岂非人事哉。"

一代乱世英豪，就这样退出了历史舞台。

# 第七章 爱国与悲情的诗人

## 岳飞　风波亭上的忠诚与无奈

"有汉一人，有宋一人，百世清风关岳并；奇才绝代，奇冤绝代，千秋毅魄日星悬。"

钱塘门遗址附近有一座双层亭榭——风波亭，亭柱上篆刻着一副对联，这是清朝沈衍所作的对子，上联把关羽、岳飞并列；下联指出杀害岳飞是桩奇冤。

传说岳飞出生时有鸟在他家房顶上飞叫，他的父母希望他将来展翅高飞，鹏程万里，故取名岳飞，字鹏举。他没满月时，黄河在内黄县决口，大水猛烈冲来，母亲姚氏抱着岳飞坐在瓮中，被浪涛冲到岸边得以幸存。

岳飞的家庭无力供养他全时间读书，走学而优则仕的科举之路，全仗母亲姚氏找了几本旧书教读，让他学习《千字文》《百家姓》之类的启蒙读物。无钱买纸笔，母亲便在沙上画字教他写。岳飞的记忆力强，理解力也高，凡是他读过的书和听过的故事，不但都能牢记不忘，而且能从中体会出某些道理。

岳飞少年时代以气节自励，敦厚寡言，具有超人的力量。当他还没有成年的时候，就已能拉得开吃力三百斤的劲弓，能够引发吃力八石的腰弩。他的同乡周同，是一个善于射远的人，岳飞跟他去学习，很快就学会了他的全套技艺。

岳飞十五六岁就结婚了，娶了附近村庄的刘姓女子。岳飞和她先后生育了岳云、岳雷两个孩子。成家之后，家庭的负担自然加重，岳飞到相州安阳县的昼锦堂韩家做了一名庄客。因为岳飞有力气，会射弓，除了从事农业劳动外，还兼管保卫韩家宅院的事。

960年，赵匡胤登基，定国号为"宋"，史称"北宋"，定都汴京（今河南开封），改元建隆。

宋徽宗时，北宋的社会矛盾加剧。宋徽宗是神宗的第十一个儿子，吹拉弹唱、琴棋书画样样精通，唯独没有政治才能。宋徽宗荒淫腐朽，他最宠信蔡京、王黼、童贯、梁师成、李彦、朱勔，当时人称"六贼"。他们骄奢淫逸，无恶不作，把宋神宗时期积累的财富挥霍殆尽，又想方设法增加剥削。他们公开出卖官爵，官职各有定价，"三千索，直秘阁；五百贯，擢通判"。官吏数目因此大增，徽宗即位七八年以后，名额比以前增加十倍。

契丹族在中国东北部建立的割据政权，叫契丹国，后来改名为辽。辽王朝的最后一个皇帝名叫耶律延禧。耶律延禧统治期内常常对自己境内的少数民族进行残酷压榨，尤其是对女

第七章 爱国与悲情的诗人

真族各部落的勒索和压迫越来越严重，不仅要求他们定期贡献礼物，还要将女真族的女性献出来。这激起了女真族的愤怒和反抗。

女真族的部落中完颜部并吞了几个邻近的女真部落，势力逐渐强大起来。完颜阿骨打继承完颜部酋长后，开始武装反抗辽政权。1115年，阿骨打建立割据政权，定国号为金。

宋徽宗想收回燕云十六州，创造辉煌的帝业，在战略上提出"联金灭辽"的方案。宋金两国分别从南北方出兵进攻辽国，灭掉辽国之后，燕云十六州地盘归北宋。

1122年，宋朝派出童贯、蔡攸为河北河东宣抚使、宣抚副使，分兵两道北上，攻打辽的燕京（今北京）。童贯身边的参谋官刘鞈在河北招募了一批"敢战士"，编成一支队伍，也参加了1122年的攻燕战役，岳飞就在这支队伍中担当小队长。但是北宋军队两次败于辽国军队，最终还是金国出兵打败了辽国。

岳飞这些新招募的没有正规编制的兵士，后来被用于剿灭内部的盗贼。相州附近有一伙猖獗的盗匪，头领是陶俊和贾进，为害一方。岳飞主动提出带领百余名兵士消灭这股贼众。岳飞先派三十名兵士假扮成商人，听任盗匪将他们连人带物抢入匪营，第二天派一百兵士于预设之地设下埋伏，亲自带领几十名骑兵前去挑战。贼人出来交战，岳飞假装败退，贼人赶来追杀，伏兵杀出，先头派遣的士兵活捉了陶俊和贾进，余党全部溃散。

相州知州赏识岳飞，本来想保举他做个从九品的官。恰在此时，岳飞的父亲去世，他得回家乡守孝三年。因此，保举的事便不了了之。

徽宗宣和六年（1124年），相州一带发生大水灾，流民遍地。宋朝为了维护社会稳定，防止灾民四处流散，成为盗贼，实行灾民入兵的政策。不过这类入伍的兵士，要在脸部、手臂、手背等处刺字，便于其逃亡后进行追捕。在身体上刺字是屈辱的表现，岳飞不愿意在脸上刺字，于是投用"效用士"（一种高级军士，一般不在脸上刺字，只在手背刺字）。岳飞被分拨到河东路平定军（治平定，今山西平定）做骑兵，后升为偏校。岳飞在军营中操演武艺，也努力学习文化，为以后献身抗金事业打下了坚实的基础。

金国灭辽之后，看到北宋政府软弱无能，当年冬天便挥师南下。宋徽宗听到金军来了，害怕抵抗金军，匆匆把国位传给儿子赵桓，即宋钦宗。金军分两路南下，西路围攻太原府，东路意图宋朝都城开封。包围太原成为决定北宋生死存亡的关键一战。

自从西路金军围攻太原府以来，宋将王禀誓死固守，并且反对和制止了知府张孝纯的投降企图。金军猛攻不克，只能采取长围久困的战术，修筑一道城墙，包裹了太原城。岳飞所在的平定军毗邻太原，为了配合太原守军作战，平定军的一个团练使、路分都监，命岳飞率一百多名骑兵，前往太原府所辖的寿阳县、榆次县（皆属今山西晋中）等地，进行武装侦察，这在宋时称为"硬探"。在路上,岳飞等人遇到一支金军,大多兵士有些慌乱。岳飞单骑突入,迅猛杀死几名金人骑士,剩余的金军逃走。岳飞趁着黑夜,换上了金军的装束,潜入敌营,圆满地完成了侦察任务。岳飞由偏校升进义副尉。

太原守卫战坚持了二百五十余日,还是失守了。金军转而进攻平定军,岳飞和驻防平定军的军民一起顽强抗击金军,使得金军攻打平定城久攻不下。后来,另一支金军在派来援兵的情况下,才占领平定军。岳飞则于平定军陷落后,带领妻儿回到故乡。

岳飞归乡途中,极目所望山河破碎,白骨蔽野。他们一家艰难地回到相州老家,见到母亲姚氏尚在,颠沛流离的艰辛总算稍得安慰。在战乱中,一家人终得团圆。归家的岳飞,想到一路上死难的乡民,遭受耻辱的家国,激愤之情让他难安。从军报国,收复失地的理想暗暗在心中埋下,但他唯独放心不下年迈的老母亲。此时一别,只怕是死别,母亲教养之情还没报答。姚氏了解自己的孩子,勉励岳飞"从戎报国",并请人在岳飞背上刺上四个大字——"尽忠报国"。这四个字是岳飞一生的信仰,篆刻在他的心中,在往后的峥嵘岁月里,岳飞始终百折不挠地捍卫他心中的理想。岳飞诀别家人,奔赴战场。

当时康王赵构按宋钦宗的命令,组建了一支新的部队,救援开封。康王到达北京大名府后,河北路的几支军队都向此地集中,副元帅宗泽首先从磁州赶来。靖康元年(1126年),岳飞应枢密院官员刘浩的招募,在相州参加赵构的大元帅府的部队。

赵构并不是一个勇敢卫国的人,他虽然把元帅府组织起来了,却不敢去救援开封。大将宗泽坚决主张去解开封被围之难。于是,赵构决定由宗泽率领一部分军队去开德。岳飞是刘浩所率领的军中的一员,刘浩军编为宗泽的前军。岳飞也列入前军的编制,这是他初次成为宗泽的部将。岳飞精神振奋,根据宗泽的指挥和部署,南下出击。

宗泽的军队于靖康元年(1126年)十二月下旬进军开德府(今河南濮阳),接连同金军打了十三仗,连战告捷;岳飞则在靖康二年(1127年)的一场战斗中,杀死两名金军执旗兵,又率军俘获敌军的一批军械,为此升为正八品的修武郎。二月,刘浩的前军奉命转战曹州(今山东菏泽市南)。岳飞身先士卒,直贯敌阵。战后,岳飞又升两官,为从七品的武翼郎。

不久,岳飞改隶黄潜善的部下,元帅府取消宗泽对此军的指挥权。黄潜善畏敌怯战,只知按兵不动。继太原府陷落之后,金军很快就攻破开封城,掳走宋徽宗和宋钦宗二帝及皇族、官员等,北宋王朝随之灭亡,这就是历史上著名的"靖康之难"。听闻开封已经被金军掳掠,岳飞所在的军队后来移屯赵构所在的济州。四月,赵构离开济州,前往南京应天府。出发之前,元帅府又将军队重新编组,张俊任中军统制,刘浩任中军副统制。

五月,赵构在应天府称帝,将靖康二年改为建炎元年,开始了历史上的南宋。赵构称帝后,朝中分为两大派,一派是黄潜善、汪伯彦等想对金屈服退让的保守派，另一派是以宰相李纲、大臣张所、傅亮等为主的主张收复失地的主战派。赵构只想偏安一方，不想打仗。因此，黄、汪二人能逢迎赵构的心意。这年六月，经过宰相李纲推荐，坚持抗战却不受重用的宗泽去了开封留守。

在赵构登上皇帝之位以后不久，岳飞向宋高宗恳切上书言事。他责备黄潜善、汪伯彦等人无意恢复故疆，请求皇帝渡河北伐，恢复中原。无疑，岳飞因"上书论事"而获罪，又离开了部队，"孤子一身，狼狈羁旅"。岳飞一身孤勇，直奔河北抗金前线。岳飞幸得河北招抚使的张所赏识，被安排到王彦的统率之下。

建炎元年（1127年）九月下旬，张所命王彦前去收复卫州等地，卫、怀、濬三州位于河北西路南端，此处陷落对开封府构成很大威胁，势在必争。在王彦军队刚离开后，宋高宗就将张所贬到了岭南。此时，朝中一众支持抗战的人都被贬谪，宰相李纲也被罢免。

在都统制王彦的率领下，岳飞等七千人渡过黄河去进攻金军，当天就夺回了卫州的新乡县城（今河南新乡）。金军抽调兵力围攻新乡，王彦率部下突出重围后，军中出现分歧，有人主张逃跑，有人主张继续作战。因为意见不合，岳飞率领一支小分队出走了。王彦和部下七百人则转移到太行山下的共城（今河南辉县）西山继续战斗。为了表示斗争的决心，他们在脸上刺了"赤心报国，誓杀金贼"八个字，因号"八字军"。

队伍曾扩充到十多万人,绵亘数百里,声势浩大。

岳飞的队伍始终没有壮大起来,不得已又回到王彦的军中。不过,王彦没有接纳岳飞。

当时,各地都有起义军,除了"八字军"外,还有红巾军、五马山寨义军等。宰相李纲被罢免后,宋抗金的主力就是留守开封的宗泽。岳飞率领部下投奔宗泽。宗泽认识了岳飞,看到他是一位将才,便把他留在自己的军营中。

建炎元年十二月,金军南犯,宗泽看岳飞勇猛,便要他率领五百人马,做前锋。岳飞顺利完成任务回来,并做了军中统领。后来又经过几次战役,岳飞又被提升为统制。从建炎元年冬到建炎二年(1128年)春,在开封府所属及其毗邻的州县,宋金两军进行了激烈的拉锯战。在宗泽的指挥下一些地区得而复失,一些地区又失而复得。有一次宗泽要岳飞多看看书上的阵图,因为岳飞打仗都不按兵书上的章法来。岳飞看了书之后说:"您所赐的阵图我仔细看过了,都是些定局而已。古今作战条件不同,各地险要程度有异,怎么能按不变的阵图打仗呢?兵家之要,在于出奇不可测识,这样才能取胜,若于平原旷野,猝与敌人相遇,怎能来得及按图布阵呢?况且,我今天是以裨将听命麾下,带兵不多,如按固定阵式摆布,敌人对我军虚实即可一目了然,如以铁骑从四面冲来,那就要全军覆灭了。"

赵构和黄、汪等人要把首都移到南方,其实是为逃到南方找个借口,同时这也意味着宋朝放弃了北方的控制权。北方人民深陷金军的残酷统治下，金军任意残杀、活埋北方的人民，屠城事件常有发生。宋朝迁都更是助长了金军的桀骜气焰，金军继续南侵，攻下徐州后，直接威胁赵构的所在地扬州。二月，金军渡过淮水，直逼扬州。赵构连夜骑马出城，逃命去了。宗泽多次上书赵构，希望他回到北方的开封，言辞恳切地声明部下都是披肝沥胆的爱国之士，不必害怕金军。结果这些呼求都归于无声，赵构不为所动。

建炎二年七月，岳飞随同主管侍卫步军司公事闾勍进驻西京河南府。八月，闾勍命岳飞去汜水关御敌。汜水关是西京河南府的前卫。当宋金两军对阵时，敌方一员大将赤马前奔之际，岳飞跃马左射，只一箭，此人立时毙命。宋军乘机攻击，杀退了金军。岳飞又奉命屯军汜水县东的竹芦渡，同敌军对峙。因为军粮不足，士兵们忍饥作战。岳飞派三百名精兵埋伏山下，到半夜每名士兵手持两大束柴草做火炬。敌人以为有宋军前来增援，便慌忙撤退。岳飞率部兵追击，又取得胜利。他以战功升任武功郎，从七品。建炎二年冬，岳飞奉令返回开封。

宗泽死后，杜充接任开封。杜充为人苛刻、好猜忌、刚愎自用，导致部将离心离德。开封城内发生内讧，将领王善、张用起来反叛。岳飞刚返回开封，就被杜充用砍头威胁，要求岳飞出战平乱。双方在南薰门外交锋，杜充的几支部队都失败了，只有岳飞那支部队取得胜利。岳飞率领少数士兵，对阵的人数却有几万。但他一马当先，一刀砍杀了对方将领，敌阵立刻出现慌乱，敌军四向溃散。后来岳飞打败了开封东明县（今山东菏泽境内）的匪盗，袭击王善军。

建炎三年（1129年）秋，面对金军行将发动的新攻势，杜充南逃。他不但没有受到赵构责备，还被任命负责长江防务。岳飞曾对杜充说："中原地区一尺一寸都不可以放弃，今天一撤走，这块土地就不归我们所有了，他日想重新收复它，不动用数十万人马是不可能的。"杜充不听，岳飞无奈同他一起南归。

建炎三年冬，金军南下突入两淮，金朝元帅左监军完颜挞懒（昌）负责淮南战场，完颜兀术（宗弼）负责江南东部战场。完颜兀术由建康府西南的马家渡过江，宋朝水军统制邵青率十几名水手进行拦击，力竭败退。

当时负责长江防务的杜充，命陈淬率岳飞等大将，统兵两万出战，又命王燮指挥一万三千人策应。陈淬、岳飞等人拼死杀敌，不料王燮中途逃跑，致使宋军大败，陈淬身亡。岳飞一直坚持战斗，最后率军退屯建康城东北的钟山。杜充得知马家渡失守，放弃了建康乘船逃命，不久便降了金。宋高宗的小朝廷一路南逃，从临安府逃到明州，又打算从明州航海南逃。

金军为了捉住南逃的宋高宗，一路孤军深入，历长途奔波，已成强弩之末。完颜兀术占领临安府后，又攻陷明州，还是没有抓住宋高宗。完颜兀术决定带着劫掠的财物撤兵，同时焚毁沿途的房屋居民。

建炎四年三月，完颜兀术的大军撤离平江府（今江苏苏州），直扑常州。常州知州周杞探请岳飞前来守城。岳飞率军与金军前后四战，夺回了常州。

杜充投降后，岳飞已经开始慢慢建立自己的岳家军。岳家军独立成军后打的第一场大胜仗就是收复建康府。当时建康失陷，叛逃者不少，岳飞慷慨陈词道："我辈荷国厚恩，当以忠义报国，立功名，书竹帛，死且不朽。若降而为虏，溃而为盗，偷生苟活，身死名灭，岂计之得哉！建康，江左形胜之地，使胡虏盗据，何以立国？今日之事，有死无二，辄出此门者斩！"那些准备逃跑的士卒，最后都被感动了，表示愿意追随岳飞作战，战死疆场。建炎四年（1130年）五月初，岳飞组织了兵力攻击金军，同金军战斗几十次，都取得了胜利。战事的失利，使完颜兀术不得不忍痛放弃建康，从建康西北的靖安镇向北岸的宣化镇渡江。岳飞率领骑兵三百、步兵两千大破金军，消灭了未及渡江的金军，建康得以收复。五月下旬，岳飞亲自押解战俘，前往宋高宗所在的越州。

当时社会上有很多游寇，他们大多是出身于华北和关陇地区的武夫悍卒，有过短暂的抗金斗争，后来结成团伙，割据称霸，图谋私利。

绍兴元年（1131年），张俊请岳飞一同进讨李成。当时李成部将马进进犯洪州，在西山连营扎寨。岳飞说："贼军贪利却不考虑后路，假若派骑兵从上游横渡生米渡，出敌不意，一定能击败他。"

岳飞请求自己担任先锋，张俊大喜。岳飞身穿重甲跳上战马,悄悄地绕到贼军右侧,突入他们的阵地,部下跟随他前进。马进大败,逃往筠州。岳飞进抵城东,贼军出城,布下战阵十五里,岳飞设下埋伏,用红罗做旗,上面绣着"岳"字,挑选二百名骑兵跟随旗帜前进。贼军轻视岳飞兵少,紧逼过来,伏兵突然杀出,贼军大败逃走。岳飞派人大声叫道:"不愿从贼的人坐下,我不杀你们。"坐下投降的共有八万余人。马进率残兵败将投奔在南康的李成,岳飞夜里率领部队赶到朱家山,又杀了李成的部将赵万。李成得知马进失败,亲自率兵十余万前来,岳飞同他在楼子庄相遇,大破李成部队,追杀了马进。李成逃往蕲州,投降了伪齐。

平定李成这股"游寇"之后,流窜于湖南、广西北部的曹成,又成为南宋政府必须予以剿除的一支"游寇"。绍兴二年(1132年)正月,朝廷任命岳飞为代理湖南安抚使和潭州(今湖南长沙)知州,率兵从洪州出发,会同其他军队,前去平定曹成。

岳飞进入贺州境内,曹成于太平场扎下营寨。岳飞在距离对方营寨数十里的地方也扎下营寨,并抓到了曹成的一个探子,捆绑在帐下。岳飞出帐调配军粮,军吏说:"粮食已经吃完了,怎么办?"岳飞假装说:"暂且返回茶陵。"一会儿回头看见探子,做出一副好像泄露了机密而十分懊悔的样子,跺着脚走入军帐,暗中下令放了他。探子回去告诉曹成,曹成大喜,计划第二天来追击岳飞部队。岳飞命令士兵早早起身吃饭,悄悄地绕山岭急行,天还没亮就已到太平场,攻克曹成的

第七章 爱国与悲情的诗人

营寨。曹成占据险要地形抗击岳飞,岳飞指挥部队偷袭,曹成军队大败溃散。曹成逃到北藏岭、上梧关据守,派将领迎战,岳飞没等摆开战阵就擂鼓出击,士兵们争先奋勇,夺取了两处关隘据守。曹成又从桂岭设置营寨一直到北藏岭,接连不断地控制了险要通道,亲自率领十余万人马守蓬头岭。岳飞部下只有八千人,一鼓作气登上山岭,击败敌众,曹成逃往连州。岳飞对张宪等人说:"曹成的贼党已经溃散,要追击并杀了他们;胁从者令人可怜,但放跑了他们,他们就会重新聚集起来成为盗贼。现在派遣你们去诛杀他们的头目,安抚他们的部众,千万不要妄加杀戮,导致皇帝保护人民的仁德受到损害。"于是张宪自贺州、连州,徐庆自邵州、道州,王贵自郴州、桂州,招降曹成部下两万人,与岳飞在连州会合。进军追击曹成,曹成到宣抚司投降。当时在盛夏季节行军于瘴气横行的地区,岳飞安抚部队有方,士兵无一人死于瘟疫,岭表地区平定。岳飞被授任武安军承宣使,屯驻江州。

建炎三年(1129年)十二月,吉州(今江西吉安)爆发了彭友、李满领导的农民起义。宋朝派岳飞前去平定。岳家军到达后,决定采取集中优势兵力各个击破的战术。半个月后,起义军的营寨大部分被攻破,彭友也被俘虏。吉州的起义军被镇压下去后,岳飞又率军转向虔州起义军。平定了虔、吉两州后,南宋又派岳飞平定湖湘地区。此时,金和伪齐的军队又向淮西地区发动进攻,岳飞只好率军先去增援淮西。

此前,绍兴三年(1133年),伪齐军队联合部分金军,一路南下，占领襄阳府（今湖北襄阳）和郢州（今湖北钟祥）等地，使南宋的长江防线出现一个危险的缺口。岳飞多次上奏朝廷，请求率军收复襄汉。绍兴四年（1134年），高宗派岳飞出师襄汉，刘光世派兵增援。

大军从武昌陆续渡江，旌旗直指郢州。刘豫很重视郢州城的防守，荆超任知州。五月六日，岳飞率军发起总攻，此仗岳飞军旗开得胜。荆超投崖自杀，荆超的心腹刘楫被活捉。随后，岳飞亲自率领主力部队攻打襄阳府，襄阳守将不战而逃。五月十七日，岳飞占领襄阳城。十八日，随州城被攻下。此战歼灭伪齐军五千多人。刘豫调集兵力，号称有三十万大军，准备反攻。岳飞率军多次作战，击败敌军，取得胜利。襄汉之战，使南宋首次收复了大片失地。九月，伪齐与金联合入侵淮西，十二月被岳飞击败于庐州。

绍兴五年（1135年）二月，淮西战役结束后，高宗又派岳飞去平定湖湘地区的起义军。岳家军用不到两个月的时间，将持续了六年的湖湘地区的起义军平定。赵构非常高兴，满朝臣僚也钦佩岳飞。朝廷降诏将岳飞的官阶提升为检校少保。

从绍兴三年（1133年）到绍兴十年（1140年）的八年岁月中，岳家军先后进行了四次北伐。

绍兴六年（1136年）七八月间，岳飞率军开始进行第二次北伐。在岳飞的指挥下，士兵们精神抖擞，一路攻城略地。八月，岳飞北伐收复商州、虢州。十一月，伪齐进犯江汉，岳飞破伪齐，加兵宛、叶之间。虽然此时的岳飞在前方披荆斩棘，但是后方的高宗却为"屈己求和",进一步重用秦桧,并令其与金接通关系。韩世忠、岳飞对和议一事都表示坚决反对。岳飞在临安朝见时对高宗说:"夷狄不可信,和好不可恃,相臣谋国不臧,恐贻后世讥议。"高宗不听。大概也就是这时候,秦桧由此对岳飞怀恨在心。

1138年十一月,金廷派出江南诏谕使张通古、萧哲,携带诏书,来同南宋"讲和"。金人不称宋朝而称"江南",不说"议和"而说"诏谕";金国使臣进入南宋境内后,南宋官员必须跪拜迎接;进入临安之后,赵构必须脱下黄袍,改穿大臣服装,拜受诏命。南宋完全被置于藩属地位。宋廷诸大臣多有反对者,然而这些主战派人物如枢密副使王庶、枢密院编修胡铨,或被罢官,或被贬谪。

1140年,金国完颜兀术发动政变掌权,随即废除对宋和议,金人背盟南侵,金军攻打拱州、亳州,刘锜向朝廷告急,皇帝命令岳飞火速增援,岳飞派遣张宪、姚政率兵前往。皇帝在赐给岳飞的亲笔信中说:"同金兵作战的措施及方略,一并委托给你。"于是岳飞遣王贵、牛皋、董先、杨再兴、孟邦杰、李宝等人,分别经营攻略西京、汝州、郑州、颍昌、陈州、曹州、光州、蔡州诸郡;又命令梁兴渡过黄河,联络集合忠义社,攻取河东、河北各州县。又派部队去东面援救刘锜,西面援救郭浩,自己率大军准备长驱直入以雄视中原。将要出发时,岳飞秘密上奏说:"先立太子以安定人心,然后请皇上不要经常居住在一地,以此来表示没有忘记复仇的决心。"皇帝得到这个奏章，大力褒奖他的忠心，任命岳飞为少保，河南府路、陕西、河东北路招讨使，不久改任河南、北诸路招讨使。没过多久，岳飞所派遣的诸将相继传来捷报。大部队驻守颍昌，部下众将分路出兵作战，岳飞自己率领轻装骑兵驻扎郾城，兵锋锐气十足。

岳飞率军先后取得郾城、颍昌、朱仙镇等大捷。岳家军的胜利，给金兵以重大打击，创造了收复中原的有利条件。与此同时，黄河以北的义军纷纷响应，到处袭击金兵，牵制了金兵的活动。这时候，宋高宗认为自己有力量守住淮河，如果继续打下去，将促使大将久握重兵，造成尾大不掉的局势，于是就同秦桧商定，命令各路军队"班师"。其实当时岳飞鉴于完胜的战局，曾上书争辩说："金虏屡经败衄，锐气沮丧。虏欲弃其辎重，疾走渡河。今豪杰向风，士卒用命，功及垂成，时不再来，机难轻失。"随后却在一天之内接连收到十二道用金字牌递发的班师诏。岳飞不得不下令班师。百姓闻讯拦阻在岳飞的马前，哭诉担心金兵反攻倒算："我等戴香盆、运粮草以迎官军，金人悉知之。相公去，我辈无噍类矣。"岳飞无奈，含泪取诏书出示众人，说："吾不得擅留。"于是哭声震野。大军撤至蔡州时，当地人民要求与部队一起行动。最后，岳飞决定留军五日，以掩护当地百姓迁移襄汉。大军班师鄂州，岳飞则往临安朝见。完颜兀术已经逃离开封，不久又回到开封，整军攻取了被宋军收复的河南地区。

1141年正月，完颜兀术再度领军南下。皇帝让岳飞领兵驰援淮西,这也是岳飞最后一次参与抗金战斗。其实此时的金国,已经无力完全攻灭南宋了,准备重新与宋议和。宋廷乘机开始打压手握重兵的将领,尤其是坚决主张抗金的岳飞、韩世忠二人。金国的完颜兀术在给秦桧的书信中说"必杀岳飞,而后和可成"。在秦桧授意下,张俊构陷岳飞谋反。

十月,岳飞被投入大理寺(原址在今杭州小车桥附近)狱中,此前其长子岳云也已下狱。十一月,宋金"绍兴和议"达成,但岳飞始终未能被释放。已赋闲的韩世忠因岳飞入狱之事质问秦桧,秦桧回答"其事体莫须有"。韩世忠愤然:"相公,'莫须有'三字,何以服天下?"

1142年一月,宋高宗下达命令:"岳飞特赐死。张宪、岳云并依军法施行,令杨沂中监斩,仍多差兵将防护。"岳飞在大理寺狱中被杀害,时年三十九岁,岳云和张宪被斩首。

岳飞领导的抗金斗争,沉重地打击了南侵的金军,为保卫南方人民的和平生活,免遭女真贵族的奴役和蹂躏作出了重大贡献。岳飞不仅是南宋杰出的抗金将领,也是中国历史上著名的爱国英雄。

## 第七章 爱国与悲情的诗人

## 辛弃疾 / 英勇豪放的诗人的命运

　　黑暗中枯坐,谁点一盏青灯照亮你斑白的发?月色下独饮,谁携一壶杜康斟满你已空的杯?紫黑色的血液,从你那未干的伤口中悄悄渗出,生怕你看到自己年迈的躯干;蘸满墨的羊毫,还在那惨白的纸上奋力书写着⋯⋯

　　辛弃疾,字幼安,号稼轩,山东历城(今山东济南)人。他原是智勇双全的英雄,也天生一副英雄相貌:肤硕体胖,红颊青眼,目光有棱,精神壮健如虎,因生长于金人占领区,自幼就决心为民族复仇雪耻,收复失地。

　　绍兴十九年(1149年),金国海陵王完颜亮(阿骨打孙)自立为帝(1149—1161年在位)。绍兴二十三年(1153年),完颜亮把金的首都从东北的会宁府迁到燕京,从此以后,他便连续不断地向汉族地区居民大量签兵征饷,图谋对南宋进行军事侵犯。

为了灭亡南宋，扩展金的版图，完颜亮又着手经营开封，大批签发北方壮丁，搜刮民间马匹，大造战船和兵器，并把军队集中到黄河以南。绍兴三十一年（1161年）夏天，完颜亮将都城迁到开封。九月，便以号称百万（实际约为六十万）的军队，分四路大举南下。

1161年，汉族人民对女真统治者的"怨已深、痛已巨而怒已盈"，便趁着完颜亮亲自督率大军南侵的时机，相互聚结起义。在今天山东省中部、泰山周围的山区中兴起起义军，同时有两支：一支的领导人是济南的一个农民，名叫耿京；另一支的领导人便是刚满二十一岁的辛弃疾。耿京领导的一支，很快就发展壮大起来，辛弃疾带领他所聚合的两千人投归耿京的旗帜下，担任了耿京军的"掌书记"，和耿京共同努力，使得这支起义军更加迅速地发展壮大起来。

金兵南下后，宋军不战而溃，一个月左右，金兵进抵长江北岸的和州（今安徽和县）。两淮宋军虽全线溃退，但在海上的战斗却取得了胜利。南宋水师将领、岳飞旧部李宝在海州（今江苏连云港）义军魏胜的配合下，不但收复了海州，而且乘胜北上，在密州胶西县陈家岛几乎全歼企图南下袭击临安府的金朝水师。就在完颜亮南下的时候，北边完颜雍（完颜亮从弟）乘机自立为帝，改元大定，是为金世宗。完颜亮听到完颜雍称帝的消息，急于打败南宋后北归，决定从采石渡江。这时，北宋官员虞允文指挥士兵抗击金兵，取得采石之战的胜利。完颜亮采石渡江失败后，来到扬州，准备在那里渡江，结果被部将射杀,于是金兵北归。

辛弃疾看到金国目前的混乱局势,想到将中原、华北地区的起义民军与南宋政府联系起来,双方协同作战,给予女真统治者致命打击。双方密切配合,进一步反击敌人。不久,他即与贾瑞等人作为起义军的代表,去与南宋政府进行商洽。当时高宗在建康慰劳军队,召见了辛弃疾,授予他承务郎、天平节度掌书记职务,并且拿节度使的印绶征召耿京。

当辛弃疾北伐时,得知张安国、邵进已经杀死耿京,投降了金国。金政府还派张安国去做济州(今山东济宁)的知州。辛弃疾遂与耿京部下原马军将王世隆等相约,毅然率领五十骑兵,突袭济州,从有五万之众的金兵营地生擒张安国,绑缚马上,疾驰渡江,交南宋朝廷处死。这一非凡壮举使辛弃疾名重朝野。这一年,他刚刚二十三岁。朝廷委任他为江阴(今江苏江阴)签判,掌管地方司法。

绍兴三十二年(1162年)夏末,宋高宗将帝位传给了宋太祖七世孙、养子赵昚,是为宋孝宗(1163—1189年在位)。起初,孝宗急于收复中原故土,起用徒有抗战派虚名的张浚为枢密使,让他主持北伐。但张浚志大才疏,刚愎自用,隆兴元年(1163年)在符离(今安徽宿州)被金军打得大败,金兵再次南下,宋军损失惨重。于是张浚等人又被排斥出政府,主和派的人物和议论又在南宋政府中占了优势。

平生以气节自负、以功业自诩的辛弃疾,南归后希望尽展其雄才将略,挥拥万夫,横戈杀敌,以"了却君王天下事,赢得生前身后名"。然而，自隆兴元年符离之役失利后，南宋王朝一战丧胆，甘心向金朝俯首称臣，使得英雄志士请缨无路，报国无门。

辛弃疾这时不顾自身官职的低微，写成《美芹十论》献给宋孝宗。论著前三篇详细分析了北方人民对女真统治者的怨恨，以及女真统治集团内部的尖锐矛盾。后七篇就南宋方面应如何充实国力、积极准备、及时完成统一中国的事业等，也都提出了一些具体的规划。后来虞允文做宰相，辛弃疾又写了《九议》献给他。《九议》除包括《美芹十论》里的一些重要论点外，更根据刘邦、项羽率吴楚子弟北上灭秦的史实，驳斥存在于士大夫间的"吴楚之脆弱不足以争衡于中原"的谬论。他一方面认为"胜败乃兵家之常事"，不能因一次的失败而丧失胜利的信心，用以驳斥那些借口符离之败"欲终世而讳兵"的妥协投降派；另一方面又认为"欲速则不达"，要求国家做长期的准备，而反对那些轻举妄动、"欲明日而驱斗"的速战派。辛弃疾的这些意见虽没有为南宋王朝所采纳，仍可以看出他对形势认识的清楚和对统一祖国事业的关心。这和他词里所表现的爱国主义精神是息息相通的。

辛弃疾南归之后不久，宋金对峙的局面渐趋稳定，主张对金妥协投降的一派长期在南宋王朝当权。他们任用辛弃疾做地方官，只是利用他在政治和军事上的才能，应付地方事变，镇压农民起义，便利他们肆无忌惮地剥削人民。可是辛弃疾是带着人民要求恢复失地的愿望南归的，为了准备力量，统一祖国，他在任地方官时必然要排挤豪强，淘汰贪吏，和南宋王朝的一些特权人物发生矛盾。他在《论盗贼札子》里说自己"孤危一身""年来不为众人所容，恐言未脱口，而祸不旋踵"。辛弃疾的远大政治抱负，他不与投降派妥协的政治态度，以及他在南宋统治集团里的孤危地位，使他在政治上屡受打击，也使他在这时期写的词里交织着种种复杂矛盾的心情，形成辛词所特有的豪壮而苍凉、雄奇而沉郁的风格。

淳熙八年（1181年），辛弃疾因言官弹劾落职，退居江西上饶的带湖，并取"人生在勤，当以力田为先"的意义，自号稼轩。这时他爱庄子的文章与陶渊明的诗，在政治上流露出了厌倦的心情；但由于他一直期望把一生贡献给统一祖国的事业，表面上他好像过着一种悠闲自得的生活，但内心还是愤愤不平的。到宋宁宗嘉泰、开禧年间（1205—1207年），韩托胄当权。那时崛起于斡难河流域的蒙古部族已给金国后方以重大的威胁，韩托胄想乘机对金用兵来提高自己的威望，便起用一些主张抗金的人，辛弃疾又一度出任浙东安抚使、镇江知府等官。

辛弃疾在镇江时，一面派遣人到金国侦察形势虚实，一面准备招募沿边士兵来训练。这时离他渡江南归已四十三年了，当他北望扬州，想起历史上的英雄人物，也想起自己青年时期的战斗生活时，写下了一首生机勃勃的《永遇乐》词。

千古江山，英雄无觅孙仲谋处。舞榭歌台，风流总被雨打风吹去。斜阳草树，寻常巷陌，人道寄奴曾住。想当年，金戈铁马,气吞万里如虎。元嘉草草,封狼居胥,赢得仓皇北顾。四十三年,望中犹记,烽火扬州路。可堪回首,佛狸祠下,一片神鸦社鼓。凭谁问:廉颇老矣,尚能饭否?

可是,在辛弃疾一切准备刚刚开始时,韩托胄就轻易把他罢免了。开禧二年(1206年),在韩托胄的主持下,南宋出兵北伐,结果大败。韩托胄用兵失败的种种因素,辛弃疾本已预见到,而且提出了有效的对策,由于韩托胄没有重视他的意见而失败。可是在失败之后,辛弃疾也受到南宋统治集团里一些流言蜚语的中伤,以为是他煽动韩托胄出兵的,这对他不能不说是一个重大的刺激。就在韩托胄失败的第二年,辛弃疾终于怀抱着他那始终不能实现的政治抱负与世长辞了。

辛弃疾既有词人的气质,又有军人的豪情,他的人生理想是做统兵将领,在战场上博取功名,"把诗书马上,笑驱锋镝"。但由于历史的错位,"雕弓挂壁无用,长剑铗,欲生苔",只得"笔作剑锋长",转而在词坛上开疆拓土,将本该用于建树"弓刀事业"的雄才用来建立词史上的丰碑。

# 第八章 名相与命运的无常

## 于谦 / 拯救国家的忠诚与命运的讽刺

明洪武三十一年（1398年）四月二十七日午时，一声嘹亮的婴儿啼哭在浙江钱塘（今杭州）太平里的一户人家家中响起，一个新的生命诞生了。这就是后来被称为"于青天"的于谦。

于谦，字廷益，号节庵，出身于官宦世家，他先祖原籍是河南考城。从七世祖开始，于家历代做官，到于谦曾祖父九思这一代，官至广东道宣慰使，后为杭州路总管。于家从此迁居杭州太平里。于谦的祖父名文，在洪武初年曾做过兵部主事，后调任工部主事。主事是正六品的中央官员，职位可以说相当显要。于谦的父亲名仁，字彦昭，为人十分正直，在目睹了官场的是是非非之后，立誓"隐德不仕"。他性仁笃厚，好善喜施，深受邻里的信任与尊敬。于谦出生时，他的祖父已告老还乡，他的父亲已年过三十。于仁中年得子，高兴得欢天喜地，故于谦自小就深得父母宠爱。于谦下面还有一弟（名泰）、一妹。

永乐五年，于谦十岁。正月初一，家家贺新年，父亲命于谦到亲友家拜年。于谦骑马率一奴仆从杭州新宫桥小路冲出，不料杭州巡按正从新宫桥大街而来，于谦一时避让不及。巡按见是个小孩，且容貌端庄，举止自若，神态中并无畏惧之感，忙嘱手下不要惊吓了他，问他说："小子何敢冲我节导？"于谦随即答曰："良骥欲上进而难收，正望前程耳。"巡按见他小小年纪，居然出语不凡，心生好奇，说："看你所答之语，颇像读书之人。"于谦老老实实回答说："读过不少书。"巡按说："你既是读书人，今天我出一对子与你，若对得好，重赏；若不能对，则要大大地惩罚你了。"于谦回："请出题。"巡按见他穿着红衣服，灵机一动说："红衣儿骑马过桥。"于谦应声答道："赤帝子斩蛇当道。"巡按大惊，忙问左右："这是谁家孩子？如此奇才！"左右有认识者忙告曰："这是太平里于主事之孙，于彦昭之子。"巡按十分赏识于谦的才学，随即命人到县府衙门，取银十两，赏给他作为读书之资，并推荐他参加县学考试。永乐十年（1412年），十五岁的于谦通过岁考，被录取为钱塘县儒学生员（秀才）。

永乐十九年（1421年），于谦考取辛丑科进士，从此踏上仕途。

宣德元年（1426年），汉王朱高煦在乐安州起兵谋叛，于谦随明宣宗朱瞻基亲征。于谦被任命为御史，待朱高煦出降，宣宗让于谦数落他的罪行。于谦正词崭崭，声色俱厉，朱高煦在这位御史的凌厉攻势下，被骂得抬不起头，伏地战栗，自称罪该万死。宣宗大悦，当即下令派于谦巡按江西，平反数百起冤狱。

于谦上书奏报陕西各处官校骚扰百姓，诏令派御史逮捕他们。宣德五年（1430年），宣宗知道于谦可以承担重任，当时刚要增设各部右侍郎为直接派驻省的巡抚，于是亲手写了于谦的名字交给吏部，越级提升他为兵部右侍郎，巡抚河南、山西。于谦到任后，轻装骑马走遍了所管辖的地区，访问父老，考察当时各项应该兴办或者革新的事，并立即上书。一年上书几次，稍有水旱灾害，便马上上报。

正统六年（1441年），于谦上书说："现在河南、山西都积蓄了数百万斤粮食。请在每年三月时，令府州县报上缺少食物的下等民户，然后按份额支给他们粮食，先给豆类和高粱，其次给小米和麦子，最后给稻谷，等秋收后偿还。因年老有病及贫困而不能偿还的则给予免除。州县官吏任期已满应当升迁的，如果预备粮不足，不能离任。还要命令风宪官员经常监察。"明英宗下令施行。河南黄河沿岸，经常被洪水冲开缺口。于谦命令加厚建筑堤坝，每个乡里都要设亭，亭设亭长，责令其督率修缮堤坝。又命令百姓种树挖井，结果当地榆柳夹路，行人也不再受渴了。大同孤立在塞外，安抚山西的官员常走不到，于谦请另设御史来治理。又把镇边将领私人开垦的田地全部收为官家屯田，以资助边防开支。于谦的恩威远近闻名，太行山的盗贼为此而不敢露面。

正统年初，杨士奇、杨荣、杨溥主持内阁朝政，都很重视于谦。于谦所奏请的事，早上上奏章，晚上便得到批准，都是"三杨"主办的。到了"三杨"去世，太监王振开始掌权，作威作福，肆无忌惮地招权纳贿。百官大臣争相献金求媚。每逢朝会期间，进见王振者，必须献纳白银百两；若能献白银千两，始得款待酒食，醉饱而归。而于谦每次进京奏事，从不带任何礼品。有人劝他说："您不肯送金银财宝，难道不能带点土特产去？"于谦潇洒一笑，甩了甩他的两只袖子，说："只有清风。"还特意写诗《入京》以明志："绢帕蘑菇与线香，本资民用反为殃。清风两袖朝天去，免得闾阎话短长。"后于谦入朝，推荐参政王来、孙原贞。

通政使李锡奉王振的指使，弹劾于谦因为长期未得晋升而心生不满，擅自推举人代替自己。于谦被投到司法部门判处死刑，关在狱中三个月。后来百姓听说于谦被判处死刑，一时间群民共愤，联名上书。王振便编了个理由给自己下台，称从前也有个名叫于谦的人和他有恩怨，说是把那个"于谦"和被关起来的于谦搞错了，才把于谦放出来，降职为大理寺少卿，后囚山西。山西、河南的官吏和百姓俯伏在宫门前上书，请求于谦留任的人数以千计，周王、晋王等藩王也这样上言，于是再命于谦为巡抚。

当时的山东、陕西流民到河南求食的，有二十余万人，于谦请求发放河南、怀庆两府积储的粟米救济。又奏请令布政使年富安抚召集这些人，给他们田、牛和种子，由里老监督管理。前后在任共十九年，他父母去世时，都让他回去办理丧事，不久便起用原职。正统十三年（1448年），于谦被召回京，任兵部左侍郎。

正统十四年（1449年）七月，也先大举进犯，王振怂恿明英宗亲征。于谦和兵部尚书邝埜极力劝谏，但明英宗不听。邝埜跟随明英宗管理军队，留于谦主持兵部的工作。待到英宗在土木堡被俘，京师大为震惊，大家都不知道该怎么办。此时郕王监国，命令群臣讨论作战和防守的方略。侍讲徐珵（徐有贞）说星象有变化，应当迁都南京。于谦厉声说："提议南迁的人应当斩首。京师是天下根本，只要一动便大势去矣。难道不记得宋朝南渡的故事吗？"于谦力主抗战，得到吏部尚书王直、内阁学士陈循等爱国官员的支持。郕王肯定了他的说法，防守的决策就这样定下来了。当时京师最有战斗力的部队、精锐的骑兵都已在土木堡失陷，剩下疲惫的士卒不到十万，人心惶惶，朝廷上下都没有坚定的信心。于谦请郕王调南北两京、河南的备操军，山东和南京沿海的备倭军，江北和北京所属各府的运粮军，立即奔赴顺天府，依次经营筹划部署，人心遂稍稍安定。随后，于谦升任兵部尚书，全权负责筹划京师防御。

郕王刚刚摄政朝议时，右都御史陈镒上奏请求诛杀王振全族，廷臣一时纷纷响应。朱祁钰无法做决定，于是下令择时改议，廷臣则抗议不依。此时，王振党羽、锦衣卫都指挥使马顺站出叱斥百官。户科给事中王竑突然带头在朝廷上猛击马顺，众臣纷纷跟随，马顺当即毙命，一时血溅朝堂，而士卒亦声汹欲诛。郕王朱祁钰看后大惧，欲起身离去，于谦挤到郕王身前，扶臂劝导道："马顺等人罪该诛死，打死勿论。"众人听后方止，而此时于谦的袍袖已经裂开。在他退出左掖门时，吏部尚书王直握着于谦的手叹道："国家正是倚仗您的时候，今天这样的情况，即使是一百个王直也处理不了啊。"在那时，朝廷上下都倚重于谦，而于谦亦毅然以社稷安危为己任。

当初，大臣们担忧国无君主，太子年幼，敌寇将至，请皇太后立郕王为皇帝，郕王再三推辞。于谦大声说："我们完全是为国家考虑，不是为个人打算。"郕王于是受命。九月，郕王即帝位为代宗，于谦进去回答问话，情绪激昂地哭着说："敌寇得意，要挟持扣留太上皇，这样形势下他们必然轻视大明，长驱南下。请命令各边境的守臣竭力防守遏制。京营士兵的器械快要用完了，需要马上分道招募民兵，令工部制造器械盔甲。派遣都督孙镗、卫颖、张辄、张仪、雷通分兵据守九门重要的地方，军队驻扎在外城的外面。都御史杨善、给事中王竑亦参与这些事，迁徙外城附近的居民进入城内。储存在通州的粮食，令官军自己去支领，用装足的米作为代价，不把粮食留给敌人。文臣像轩倪这样的人，应该用为巡抚；武臣像石亨、杨洪、柳博这样的人，应该用为将帅。至于军队里面的事情，我自己承担，没有成效就判我的罪。"对他的意见，明代宗全部认真地接纳了。

十月，敕令于谦提督各营军马。而也先挟持着太上皇（英宗）攻破紫荆关直入，进窥京师。石亨建议收兵固守，使敌兵劳累衰竭。于谦不同意，说："为什么向敌人示弱，使敌人更加轻视我们？"然后立刻调遣诸将带领二十二万兵士，在九门外摆开阵势：都督陶瑾在安定门，广宁伯刘安在东直门，武进伯朱瑛在朝阳门，都督刘聚在西直门，镇远侯顾兴祖在阜成门，都指挥李端在正阳门，都督刘得新在崇文门，都指挥汤芦在宣城门，而把几乎必死的德胜门留给了自己。于谦和石亨率领副总兵范广、武兴在德胜门外列阵，抵挡也先，把兵部的事交给了侍郎吴宁，把各城门全部关闭，自己亲自督战。于谦下令：临阵将领不顾部队先行退却的，斩将领。军士不顾将领先退却的，后队斩前队。于是将士知道必定要死战，都听从命令。副总兵高礼、毛福寿在彰义门北面抵挡敌人，俘虏了一个头目。明代宗非常高兴，令于谦选精兵聚集在教场，以便调动；再命太监兴安、李永昌同于谦一起管理军务。

当初，也先部队深入，以为早晚就可以攻下京城，及至见到明朝官军严阵以待，有些丧气。叛变了的宦官喜宁教唆也先邀明朝大臣迎接太上皇，索取黄金和丝织品以万万计；又邀于谦及王直、胡濙等出城谈判。明代宗不准许，也先更加沮丧。庚申，也先部队窥伺德胜门。于谦令石亨率神机营在空屋里设下埋伏，派几个骑兵引诱敌人。敌人用一万骑兵逼近，副总兵范广发射火药武器，伏兵一齐起来迎击。也先的弟弟孛罗及平彰卯那孩被炮打死，也先部队转移到西直门，都督孙镗抵御他，石亨亦分了部分兵力来到，敌寇撤退。副总兵武兴在彰义门攻打敌军，和都督王敬一起挫败了也先的前锋。敌军正要退却，而几百个骑着马的宦官想争功，策马争着向前，导致阵脚乱了，武兴被乱发的箭射死。寇兵赶到土城，居民爬上屋顶，呼喊着用砖石投掷敌人，喧声震天。王竑和福寿的援兵赶到，敌军于是撤退。相持了五天，也先邀谈不成，作战又失利，知道不可能达到目的，又听说各地勤王的部队马上要到，恐怕截断了他的归路，于是拥着太上皇明英宗由良乡向西去。于谦调各将领追击，到居庸关才回来。后评定功绩，加于谦少保、总督军务。于谦说："四郊多堡垒，是卿大夫的耻辱，怎么敢求取赏赐功劳呢？"因而坚决推辞，明代宗不准。于是增兵守真定、保定、涿州、易州等府州，请求用大臣镇守山西，防止敌寇南侵。

景泰元年（1450年）三月，总兵朱谦奏称敌兵三万围攻万全，敕令范广担任总兵官抵御敌军。不久，敌寇退，于谦请求立即驻兵居庸关，敌寇来则出关剿杀，敌寇退则回京师驻守。大同参将许贵奏北面有三个人到镇上，希望朝廷派使者讲和。于谦说："以前派指挥季锋、岳谦前往讲和，而也先跟着入寇。接着派通政王复、少卿赵荣，他们没见到太上皇就回来了。显然，不能依靠和谈。况者我和他的仇不共戴天，从道理上来说也绝不可以讲和。万一讲和了，他要提出无穷无尽的要求，答应则给我们造成很大的困难，不答应又会发生变乱，这形势也不能讲和。许贵是武臣，而这样恐惧畏缩，怎能敌忾同仇，按法律该处死。"发出文书严厉谴责他。从此边境的将领人人都主张坚守作战，没有敢说讲和的。

当初，也先诸多要挟，都是由喜宁策划的。朱祁镇（英宗）策划镇守大同的将领抓了喜宁，把他杀了，又授计给王伟让他诱杀奸细小田儿，而且利用间谍实行离间，请求特别释放了忠勇伯把台家，答应封给爵位，让他从中想办法。也先开始有放回太上皇的意思，派使者来联系，京师的戒备才稍稍放松了一点。于谦上言："南京重地，需要有人加以安抚稳定。中原有很多流民，假如遇上荒年，互相呼应聚集成群，这是很值得担心的。请敕令内外守备和各处巡抚用心整顿，防患于未然，召回派往内地招募发兵的文武官员，让他们镇守中宫。"

到了八月，太上皇被留在北方已经一年。也先见明朝没有什么事端，更想讲和，使者接连前来，提出把太上皇送回。大臣王直等商议派使者前往迎接，明代宗不高兴地说："朕本来不想登大位，当时是被推上来的。"于谦从容地说："帝位已经定了，不会再有更改，只是从情理上应该赶快把他接回来罢了。万一他真有什么阴谋，我就有话说了。"明代宗看看他便改变了面色说："听你的、听你的。"先后派遣了李实、杨善前往，终于把太上皇接了回来。这是于谦的功劳。

太上皇已经回来，瓦剌请求朝贡。先前贡使不过百人，正统十三年增加到三千余人，对给予的赏赐总不满足，便入侵。此次瓦剌又派三千人来朝，于谦请求列兵居庸关以备不测，在京师隆重陈兵，设宴招待。于谦说和议是信不过的，逐条进上安定边境的三个策略。请求敕令大同、宣府、永平、山海、辽东各路总兵官增修城墙准备防御。京兵分别隶属于五军营、神机营、三千营，虽然各设有总兵，但不相统一，请求选择精锐十五万人，分为十营团操，团营的制度从此开始。这件事被记载在《明史·兵志》中。瓦剌入贡，常常携带以前掳去的人口来。于谦一定奏请酬劳使者，前后赎回了几百人。

当初，永乐年中，投降过来的人被安置在京畿附近的很多。也先入侵时，很多成了内应。于谦想分散遣送他们。因为西南有战事，每次出征，都挑选他们精锐的骑手，从厚资助他们前往西南战场，然后遣送他们的妻子，内患得以平定。杨洪以独石入卫，八个城都给了敌人。于谦使都督孙安率轻骑兵出龙门关占据了它，招募百姓屯田，边战边守，八个城得以收复。贵州苗乱未平定，何文渊建议撤去布使、按察两司，专设都指挥使司，用大将镇守。于谦说："不设两个司，是放弃了这地方。"建议遂作罢。于谦认为，太上皇虽然回来了，但国耻未洗雪，正值也先和脱脱不花结怨，因而请求趁机派大军，自己前往征讨他，以报复从前的仇恨，清除边患。明代宗不准。

于谦主持兵部工作时，也先的势力正在扩张，而福建邓茂七、浙江叶宗留、广东黄萧养各自拥有部众和自封的封号，湖广、贵州、广西、瑶、侗、苗、僚到处蜂起作乱，前后的军队征集调遣，都是于谦独自安排。当战事匆忙急迫、瞬息万变的时候，于谦眼睛看着，手指数着，随口讲述奏章，全都能按照机宜采取正确的方针方法。同事和下属接受命令，彼此看着都感到惊骇佩服。军队号令严明。虽然是勋臣老将，稍有不守法度，立即请圣旨切实责备。一张小字条送到万里外，没有不谨慎小心执行的。他的才思畅通敏捷，考虑周到仔细，一时没有人能比得上。他性情淳朴，忠厚过人，忘身忧国，太上皇虽然回来了，他也一点也不说自己的功劳。东宫改易以后，明代宗命令，凡是兼东宫太子宫属者，支取两份俸禄。诸臣都表示推辞，只有于谦一再推辞。于谦的生活很简单俭朴，所居住的房子仅仅能够遮挡风雨。明代宗赐给他西华门的府第，他坚决推辞说："国家多难，臣子怎么敢自己安居。"明代宗坚持赏赐。于是他把明代宗赏赐的玺书、袍服、银锭之类，全部封好写上说明放到那里，每年去看一看罢了。

明代宗很了解于谦，所议论奏请的事没有不听从的。明代宗曾经派使者到真定、河间采摘野菜，去直沽制造鱼干，于谦一说便马上停止。任用一个人，一定悄悄询问于谦。于谦实事求是地回答，从不隐瞒，也不躲避嫌疑怨恨。因此那些不称职的人都怨恨他，而不像他那样被明代宗信用的，亦往往嫉妒他。当敌寇刚刚撤退时，都御史罗通立刻上奏章弹劾于谦登记的功劳簿不实在。御史顾曜说于谦太专权，干预六部的大事奏请实行，好像他就是内阁一样。于谦根据祖制反驳他们，户部尚书金濂亦上疏为他争辩，但指责他的人还是不断收集他的材料。各御史多次用苛刻的文辞上奏弹劾他，全靠明代宗力排众议，加以任用，他才得以尽量实现自己的计划。

于谦的性格很刚强，遇到不痛快的事，总是拍着胸脯感叹说："这一腔热血，不知会洒在哪里！"他看不起那些懦怯无能的大臣、勋臣、皇亲国戚，因此憎恨他的人更多。他又始终不赞成讲和，虽然太上皇因此能够回来，但太上皇并不满意。徐珵因为提出迁都南京，受到于谦斥责，他这时把名字改为有贞，才比较容易得到提升进用，但仍然经常咬牙切齿地恨于谦。石亨本来因为违犯了军法被削职，是于谦请求明代宗宽恕了他，让他总理十营兵，但石亨因为害怕于谦不敢放肆，也不喜欢于谦。德胜门一仗的胜利，石亨的功劳并不比于谦大，而得到世袭侯爵，内心有愧，于是上书推荐于谦的儿子于冕。明代宗下诏让他到京师，于谦推辞，明代宗不准。于谦说："国家多事的时候，臣子在道义上不应该顾及个人的恩德。而且石亨身为大将，没有听说他举荐一位隐士，提拔一个兵卒，以补益军队国家，而只是推荐了我的儿子，这能得到公众的认可吗？我对于军功，极力杜绝侥幸，绝对不敢用儿子来滥领功劳。"石亨更是又愧又恨。都督张辄因为征苗时不守律令，被于谦弹劾，和内侍曹吉祥等都一向恨于谦。

景泰八年（1457年），明代宗朱祁钰病重，正月壬午，石亨和曹吉祥、徐有贞迎接太上皇恢复了帝位，宣谕朝臣以后，立即把于谦和大学士王文逮捕入狱，诬陷于谦等和黄竑制造不轨言论，又和太监王诚、舒良、张永、王勤等策划迎接册立襄王之子。石亨等拿定这个说法，唆使科道官上奏。都御史萧维祯审判定罪，以谋反罪判处于谦等死刑。王文忍受不了这种诬陷，急于争辩，于谦笑着说："这是石亨他们的意思罢了，分辨有什么用处？"奏疏上呈后，英宗还有些犹豫，说："于谦

## 第八章　名相与命运的无常

是有功劳的。"徐有贞进言说："不杀于谦，复辟这件事就成了师出无名。"明英宗的主意便拿定了。正月二十三日，于谦被押往崇文门外，就在这座他曾拼死保卫的城池前，得到了他最后的结局——斩决。遂溪的教谕吾豫说于谦的罪应该灭族，于谦所推荐的各文武大臣都应该处死。刑部坚持原判，这才没有依之执行。千户白琦又请求把于谦的罪行刻版印刷在全国公布。

此前，于谦自从土木之变以后，发誓不和敌人共存。经常住在值班的地方不回家。于谦一向有痰症，明代宗派太监兴安、舒良轮流前往探望。听说他的衣服、用具过于简单，下诏令宫中造了赐给他，所赐东西甚至连醋、菜都有了。明代宗又亲自到万岁山，砍竹取汁赐给他。有人说明代宗太过宠爱于谦，兴安等说："他日夜为国分忧，不问家产，如果没了他，朝廷到哪里还能找到这样的人？"到抄家的时候，于谦家里没有多余的钱财，只有正屋锁得严严实实。打开一看，只有朱祁钰赐给他的蟒袍、剑器。于谦死的那天，阴云密布，全国的人都认为他是冤枉的。有一个叫朵儿的指挥，本来出自曹吉祥的部下，他把酒泼在于谦死的地方，恸哭不止。曹吉祥很是生气，就拿鞭子打他，第二天，朵儿还是照样泼酒在地表示祭奠。都督同知陈逵被于谦的忠义感动，收敛了他的尸体。过了一年，于谦的养子于康将其归葬于杭州西湖南面的三台山麓。皇太后开始时不知道于谦的死，听说以后，叹息哀悼了几天，朱祁镇事后不久也十分后悔，特别是在徐有贞阴谋败露后，他曾反复责问另两个当事人石亨和曹吉祥，为何要编造谎言诬陷于谦，石亨没有办法，只好把责任推给徐有贞，回答道："我也不知道，这都是徐有贞让我这么说的。"

朱祁镇听到这句话，目瞪口呆，只是不断摇头叹气。但皇帝是不能认错的，朱祁镇便将这一任务交给了他的儿子朱见深。不久边境有警，明英宗满面愁容。恭顺侯吴瑾在旁边侍候，进谏说："如果于谦在，一定不会让敌人这样。"明英宗无言以对。这一年，徐有贞被石亨中伤，充军到金齿口。又过了几年，石亨亦被捕入狱，死于狱中；曹吉祥谋反被灭族，于谦事情得以真相大白。

为国家鞠躬尽瘁死而后已的于谦，却不得善终，落得如此下场，命运何其讽刺，不禁让人感叹一句世道不公。

明宪宗即位后便下了一道诏书，为于谦平反，并召回了于谦的儿子于冕。明宪宗亲自为于谦写的祭文里说："当国家多难的时候，保卫社稷使其没有危险，独自坚持公道，被权臣奸臣共同嫉妒。先帝在时已经知道他的冤屈，而朕实在怜惜他的忠诚。"这篇祭文在全国各地传颂。

明孝宗弘治二年（1489年），采纳了给事中孙需的意见，追赠于谦为特进光禄大夫、柱国、太傅，谥号肃愍，赐在墓边建祠堂，题为"旌功"，由地方有关部门逢年节拜祭。到万历年间，懒得出奇的明神宗也对于谦敬仰有加，授予谥号"忠肃"，以肯定他一生的功绩。清乾隆十六年（1751年），乾隆帝南巡，题写匾额"丹心抗节"。

其实于谦并不需要皇帝的所谓嘉许，因为他并不是为了所谓的嘉许才尽忠报国，而是他本就是这样的一个人，是独一无二的。人们不会忘记，正是这个人在危难之际挺身而出，力挽狂澜，保卫京城和大明的半壁江山，拯救了无数平民百姓的性命。他的伟大不需要任何人去肯定，也不需要任何证明，因为他的一生就如同他的那首诗一样：千锤万凿出深山，烈火焚烧若等闲。粉身碎骨浑不怕，要留清白在人间！

这正是他一生的写照，坦坦荡荡，堪与日月同辉。

## 张居正 / 治国有道的智者与个人命运的无奈

声声悠扬的箫曲斩不断你离开时的幽怨,点点记忆,伴着京城四月的细雨纷纷扬扬,随风入夜,旦夕祸福间,看岁月之蹉跎,望人生苦短。

嘉靖年间,明朝江山摇摇欲坠。

二十三岁的张居正考中进士,被选为翰林院庶吉士。当时进士们相聚在一起多谈论诗文,推崇、仿效西汉、盛唐的文风,但是张居正对这种风气不以为然,他不事交游,默默钻研国家典章制度和历史上为政的利弊得失。

张居正入选庶吉士,教习中有内阁重臣徐阶。徐阶重视经邦济世的学问。在其引导下,张居正时时处处留心政务,遇到盐吏、边使以及其他外出办事官员返京述职,他常常会在晚上悄悄带着一壶酒和酒具登门拜访,向其询问当地民生利弊、地理形势、官场生态,以及兴利除弊之方。返回住所后,张居正又在油灯下把这些见闻一条条整理出来。这些知识储备在他后来的新政事业中发挥了巨大的作用。

明初为了加强君主专制,废丞相,设内阁,其职能相当于皇帝的秘书厅。首席内阁学士称首辅,张居正入翰林院学习的时候,内阁中正在进行着一场激烈的政治斗争。内阁大学士只有夏言、严嵩二人,二人争夺首辅职位,夏言夺得首辅之后因严嵩进谗而被杀,严嵩成为内阁首辅。

对于内阁斗争,张居正通过几年的冷眼观察,对朝廷的政治腐败和边防废弛有了直观的认识。为此,嘉靖二十八年(1549年),张居正以《论时政疏》首陈"血气壅阏"之一病,继指"臃肿痿痹"之五病,系统阐述了他改革政治的主张。而这些没有引起明世宗和严嵩的重视。此后,在嘉靖朝除例行章奏以外,张居正没再上过一次奏疏。

嘉靖二十九年(1550年),张居正因病请假离开京师,来到故乡江陵。休假三年中,他开始游山玩水。在这三年中,张居正游览了许多名胜古迹,发现了新的问题,他在《荆州府题名记》中说:"田赋不均,贫民失业,民苦于兼并。"这一切不禁使他恻然心动,责任感让他重返政坛。

嘉靖三十六年(1557年),张居正回翰林院供职。他在苦闷思索中渐已成熟,在政治的风浪中,他模仿老师徐阶内抱不群,外欲浑迹,相机而动。嘉靖四十三年(1564年),张居正进官右春坊右谕德兼国子监司业,徐阶举荐他为裕王朱载垕的侍讲侍读。在裕邸期间,张居正任国子监司业,从而结识了很多将来可能进入官场的人，这为张居正打开了人脉。嘉靖四十五年（1566年），高拱下台后，张居正掌翰林院事。

隆庆元年（1567年），张居正以裕王旧臣的身份，擢为吏部左侍郎兼东阁大学士，进入内阁，参与朝政。同年四月，又改任礼部尚书、武英殿大学士，他终于在暗暗的较量中"直上尽头竿"了。

张居正进入内阁时，正值明王朝流民四散，草译祸起，国家帑藏空虚，用度匮乏之际，并且北方鞑靼进兵中原，制造"庚戌之变"，南方土司争权夺利，岑猛叛乱，"两江震骇"，东南倭寇骚扰沿海，民不聊生。

此外，内阁内部的政治斗争日益白热化。自嘉靖四十一年（1562年）严嵩倒台后，徐阶继任首辅。他和张居正共同起草世宗遗诏，纠正了世宗时期修斋建醮、大兴土木的弊端，为因冤案获罪的勤勉朝臣恢复官职，得到了朝野上下的普遍认同。

嘉靖四十五年（1566年），明世宗去世。隆庆元年（1567年），张居正入内阁成为辅臣。隆庆六年（1572年），穆宗驾崩，年仅十多岁的神宗继位。穆宗遗命张居正等三个大臣辅政，在主少国疑之际，张居正成为内阁首辅和小皇帝的老师，被称为"元辅张先生"。

张居正根据穆宗的嘱托，真的像老师教学生一样，辅导年仅十岁的明神宗。他编了一本有图有文的历史故事书，叫作《帝鉴图说》，每天给神宗讲解。神宗看到这本书很高兴，兴致勃勃地听张居正讲解。有一次，张居正讲完汉文帝在细柳劳军的故事，就说："陛下应当注意武备。现在太平日子长了，武备越来越松弛，不能不注意啊。"明神宗连忙点头称是。又有一次，张居正讲完宋仁宗不喜欢用珠玉装饰的故事，明神宗就说："对呀，做君王的应该把贤臣当作宝贝，珠玉有什么用呢？"张居正见十岁的孩子能说出这样的话，很高兴地说："贤明的君主重视粮食，轻视珠玉。因为百姓靠粮食生活，珠玉这类东西饿了不能充饥，冷了不能御寒啊。"

明神宗即位后不久，高拱因自己口无遮拦触怒万历生母李太后，加之司礼监秉笔太监冯保对高拱不满向李太后进谗言，李太后以"专政擅权"之罪令高拱回原籍。于是，张居正担任了首辅。当时明朝建国已经二百余年，承平日久，积弊已深，政治上纲纪废弛、贪污盛行，经济上入不敷出、国困民穷，许多"良法美意"多已废弛不行。

明太祖因"胡惟庸案"废除丞相，借助内阁佐理朝政。内阁大臣类似宰相，却无宰相之名，居嫌疑之地，遇事多所掣肘，且嘉靖以来内阁倾轧不断。张居正目睹时艰，慨然以天下为己任，以雷厉风行的魄力，开启了改革的进程。

张居正改革涵盖政治、经济、军事各方面，重点是政治上的考成法、整顿驿递和经济上的丈量田亩、推行"一条鞭法"。而张居正改革的核心就是整饬吏治，富国强兵。他批评空作王霸之辩的人"不知王霸之辩、义利之间在心不在迹"，而误认为"仁义之为王，富强之为霸"。明确地把解决国家"财用大匮"作为自己的治国目标。而要实现这个目标，首先要巩固国防，整顿吏治。

那个时候，沿海的倭寇虽然已经解决，但北方的鞑靼贵族还不时侵入内地，成为明王朝的大威胁。张居正把抗倭名将戚继光调到北方，镇守蓟州，戚继光在从山海关到居庸关的长城上修筑了三千多座堡垒。戚家军号令严明，武器精良，多次击败鞑靼的进攻。

隆庆四年（1570年），鞑靼首领俺答汗进攻大同，计划称帝。张居正听说俺答的孙子把汉那吉，携妻比吉和乳母的丈夫阿力哥共十几人请求内附，大同巡抚方逢时和宣大总督王崇古决策受降。鉴于此事非同小可，张居正写信，要王崇古立刻把详情"密示"于他。原来，俺答的第三个儿子死时遗一小孩，即把汉那吉，把汉那吉长大娶妻比吉，后爱上姑母之女三娘子并再娶。然而，身为外祖父的俺答也爱上了三娘子，想要据为己有。于是祖孙之间为一个小女子心中结怨，演出失恋青年离家投汉的一幕。

张居正接到报告，再次写信给王崇古，要其妥善安排把汉那吉，并派人通报俺答："中国之法，得虏酋若子孙首者，赏万金，爵通侯。吾非不能断汝孙之首以请赏，但彼慕义而来，又汝亲孙也，不忍杀之。"然后，张居正指授方略，要王崇古、方逢时奏疏皇上纳降。朝中很多人极力反对，认为敌情叵测。果然俺答的骑兵如黑云压城至北方边境。王崇古早在张居正授意之下做好了战事准备并以其孙要挟，俺答终于被迫妥协。张居正顺水推舟应俺答之求，礼送把汉那吉回乡，俺答则把赵全等叛臣绑送明室。把汉那吉穿着皇上赏赐的大红丝袍回鞑靼帐幕。俺答见到非常感动，表示以后不再侵犯大同，并决定请求封贡、互市，和明朝友好相处。

隆庆五年（1571年），明穆宗在张居正等人的力劝下，诏封俺答为顺义王，并在沿边三镇开设马市，一面和鞑靼通商往来，一面在边境练兵屯田，加强防备。此后二三十年，明朝和鞑靼之间没有发生战争，北方各族人民的生活也安定多了。

北部边防得到巩固后，张居正把注意力转到了国内问题上。

当时，黄河河堤年久失修，河水常常泛滥，大批农田被淹，影响农业和运输。张居正任命专治水利的潘季驯督修黄河水利工程。潘季驯修筑堤防，堵塞决口，使黄河不再泛滥，运输通畅，农业生产得到恢复和发展。

万历元年（1573年）十一月，张居正上疏实行"考成法"，明确职责。嘉靖、隆庆两朝纲纪不肃，官员放弃原则底线，行事模棱两可、委曲迁就，甚或邀取虚名、卖法市恩，一派文恬武嬉的景象。朝廷的诏令经常被束之高阁，得不到有效执行，有的事情交办十多年了还没有办完。张居正以雷霆之力整肃官场，稽查政令执行情况，他以六科控制六部，再以内阁控制六科。对于要办的事，从内阁到六科，从六科到衙门，层层考试，做到心中有数；设定完成期限，严肃查处政令延误现象，并将奉行朝廷政令情况作为官吏考核的依据，改变了以往"上之督之者虽谆谆，而下之听之者恒藐藐"的拖拉现象。针对明代中期以来，一些官员假公济私、乱用驿递的问题，张居正严格限制官员的特权，从制度上堵塞漏洞，仅此一项，就节省了三分之一的支出，也有效避免了扰民、害民的弊端，这些举措得到了百姓的欢迎。考成法的实行，提高了各级部门的办事效率，而且责任明确，赏罚分明，朝廷发布的政令才得以"虽万里外，朝下而夕奉行"，在提升行政效率的同时，也节约了行政成本。张居正整顿吏治的目的主要还是"富国强兵"，这条红线贯穿于他的改革之始终，实行考成法的最大成果也正在于此。

万历四年（1576年），张居正规定，地方官征赋试行不足九成者，一律惩处。同年十二月，据户科给事中奏报，地方官因此而受降级处分的，山东有十七名，河南两名，受革职处分的，山东两名，河南九名。这使惧于降罚的各级官员不敢懈怠，督责户主们完纳当年税粮。由于改变了拖欠税粮的状况，国库日益充裕。据万历五年户部统计全国的钱粮数目，岁入达四百三十五万余两，比隆庆时每岁所入（含折色、钱粮及盐课、赃赎事例等项银两在内）二百五十余万两之数，增长了74%，财政收支相抵，尚结余八十五万余两，扭转了长期财政亏虚的状况。正如万历九年四月张居正自己所说的："近年以来，正赋不亏，府库充实，皆以考成法行，征解如期之故。"可见，实行考成法虽是一种政治改革，但它对整顿田赋、增加国家财政收入起了很大作用。

万历七年（1579年），明神宗向户部索求十万金，以备光禄寺御膳之用，张居正上疏据理力争，言明户部收支已经入不敷用，"目前支持已觉费力，一旦有四方水旱之灾，疆场意外之变，何以给之？"他要求神宗节省"一切无益之费"。结果，不仅免除了这十万两银子的开支，连宫中的上元节灯火、花灯费也免除了。在张居正的力争下，还停止重修慈庆、慈宁二宫及武英殿，停输钱内库供赏，节省服御费用，减苏松应天织造等，使封建统治者的奢侈消费现象有所收敛。甚至因为害怕浪费灯烛，他还请求将神宗安排在晚上的课程改到了白天。纂修先皇实录，照例得赐宴一次。张居正参加纂修穆宗实录，提出辞免赐宴。他说："一宴之资，动之数百金，省此一事，亦未必非节财之道。"

万历八年（1580年），张居正次弟张居敬病重，回乡调治，保定巡抚张卤例外发给"勘合"（使用驿站的证明书），张居正立即交还，并附信说要为朝廷执法，就要以身作则。对于明王朝来说，张居正确实是难得的治国之才。他早在内阁混斗、自己政治生命岌岌不保的时候，写过一偈："愿以深心奉尘刹，不予自身求利益。"他也的确做到了。

政治改革取得一定成效后，张居正把改革推进到经济领域。当时土地兼并严重，豪强利用种种特权隐瞒土地、逃避赋税徭役，把负担变相转嫁到贫民身上，这进一步加剧了贫富不均。

万历六年（1578年），张居正以福建为试点，清丈田地，结果"闽人以为便"。于是在两年后，张居正上疏并获准在全国陆续展开清丈土地，并在此基础上重绘鱼鳞图册。全国大部分地区根据户部颁布的《清丈条例》对田地进行了认真清丈，但也有一些地方官吏缩短弓步，溢额求功。然而由于大部分州县清丈彻底，革豪右隐占，额田大有增加。

万历八年（1580年），全国田地为7013976顷，比隆庆五年（1571年）增加了2336026顷。随着额田的增加，加之打击贵族、缙绅地主隐田漏税，明朝田赋收入大为增加。张居正通令丈量全国田亩，按照土地实际占有情况征收田赋，严惩隐瞒田地之罪，有效纠正了赋役不均的现象，也起到纾解民困、抑制兼并的作用。尽管张居正清丈田亩、平均赋税的做法被海瑞等人认为是下策，并不能真正解决民间赋税不均的问题。但从理财的角度看，清丈田亩对于朝廷比较全面准确地掌握全国的额田，增加财政收入起了积极作用，更为重要的是它还为不久推行"一条鞭法"的赋税改革创造了条件。

张居正很清楚，仅靠清丈田亩还远远不能彻底改变赋役不均和胥吏盘剥问题，不进一步改革赋税制度就无法保证中央财政收入的稳定增长，将会有更多的贫民倾家荡产，不利于社会的安定。赋役改革是一件十分棘手的事情，一旦过多触犯权宦土豪的利益，弄不好就会引起强烈的反对，使自己所有的心血前功尽弃。

万历九年（1581年），张居正下令，在全国范围内实行一条鞭法。把原来按照户、丁派役的方法改变为按照丁、粮派役，将名目繁多的各种杂税、力役归入田赋，按田亩核算，并折算成银两统一征收，差役由政府以银雇人充当。一条鞭法是中国田赋制度史上继唐代两税法之后的又一次重大改革，以货币税代替了实物税，简化了征收程序，使赋役合一，减轻了农民人身依附程度，并出现了"摊丁入亩"的趋势。后来清代的地丁合一制度就是一条鞭法的运用和发展。

一条鞭法最早于嘉靖十年（1531年）二月，由南赣都御史陶谐在江西实行，并取得了成效。当时御史姚仁中曾上疏说："顷行一条鞭法。通将一省丁粮，均派一省徭役。则徭役公平，而无不均之叹矣。"此后，姚宗沐在江西，潘季驯在广东，庞尚鹏在浙江，海瑞在应天，王圻在山东曹县也都实行过一条鞭法。海瑞在应天府的江宁、上元两县"行一条鞭法，从此役无偏累，人始知有种田之利，而城中富室始肯买田，乡间贫民始不肯轻弃其田矣"，做到了"田不荒芜，人不逃窜，钱粮不拖欠"。

一条鞭法的施行，改变了当时极度混乱、严重不均的赋役制度。它减轻了农民不合理的赋役负担，限制了胥吏的舞弊，特别是取消了苛重的力差，使农民有较多时间从事农业生产。但一条鞭法所实行的赋役没有征收总额的规定，给胥吏横征暴敛留下了可乘之机，这是它的主要不足。

张居正的理财政策除了为朝廷公室谋利，也十分重视人民的实际生活。他通过多种渠道设法减轻人民的赋役负担，甚至直接提出减免人民的税赋。

万历十年（1582年），随着清丈田亩工作的完成和一条鞭法的推行，明朝的财政状况有了进一步的好转。这时太仆寺存银多达四百万两，加上太仓存银，总数达七八百万两。太仓的存粮也可支十年之用。二月，张居正上疏请求免除自隆庆元年（1567年）至万历七年（1579年）间各省积欠的钱粮。另外，张居正还反对传统的"重农轻商"观念，认为应该农商并重，并提出"省征发，以厚农而资商；轻关市，以厚商而利农"的主张。因此他也反对随意增加商税，侵犯商人利益。这些做法顺应了历史的发展潮流，在一定程度上减轻了百姓的负担，缓和了一触即发的阶级矛盾，对历史的发展起到了积极的推动作用。

这一系列经济改革成效显著，隆庆初年，国库每年赤字高达一百五十余万两，等到张居正去世时，国库却积攒了可供数年之用的银两。张居正改革体现了节用爱民的思想，有效革除了官场上的贪污之弊、因循之弊，起到了富国强兵的作用，朝政呈现出新的气象。但"一条鞭法"等举措因后世奉行不善，也变相加重了人民负担。

张居正为国事夜以继日地操劳，万历五年，多年未见的老父张文明去世，按照祖制，朝廷官员的父母过世，必须回到祖籍守制二十七个月，期满起复为官。然而，张居正的改革才刚刚开始，此时离开必使改革功亏一篑，他做出了唯一的选择：夺情。

明朝的士大夫忠君尽孝的观念根深蒂固，未能尽孝何来忠君。武宗朝的大学士杨廷和也是一代名辅，收到父亲的讣告即回家守制。如此一来，人情汹汹，无论是御史还是六部官员都上疏要张居正守制，给他带来了不小的麻烦。此时神宗还不能亲政，国家大政均需张居正裁决，不想让他回家守孝。在明神宗和一些大臣的挽留下，张居正让自己的儿子去奔丧，自己则留在京城任职。这样一来，就有不少人抓住张居正父死不奔丧的事，大做文章，纷纷向明神宗上书弹劾，有人甚至在大街揭帖告白攻击张居正，闹得满城风雨。后来，明神宗不得不下令，再反对张居正留任的一律处死，攻击才平息下来。

张居正的权力实在太集中了，明神宗渐渐长大，反而闲得没事干，就有一批亲近的太监在内宫用各种办法给他取乐。有一次，神宗喝醉了酒，无缘无故把两个小太监打得半死。这件事让太后知道了，马上把明神宗找来，狠狠地责备一顿，还叫左右侍从拿《汉书·霍光传》叫神宗读。西汉霍光辅政的时候，昌邑王刘贺即帝位后行事荒唐，被太后和霍光废掉了，现在张居正的地位就像当年的霍光一样。神宗想到这里，吓得浑身哆嗦，跪在太后面前求饶。

后来，张居正做主，把一些引诱神宗胡闹的太监全部赶走，太后还让张居正代神宗起草了罪己诏（皇帝责备自己的诏书）。这件事虽然过去了，但是明神宗对张居正已经从惧怕发展到嫉恨了。

万历十年（1582年），张居正积劳成疾，在任上去世。神宗为之辍朝，赠上柱国，谥"文忠"。

张居正当国十年，所揽之权，是神宗的大权，这是张居正效国的需要，但他的当权便是神宗的失位。在权力上，张居正和神宗成为对立面。张居正的效忠国事、独揽大权，在神宗的心里便是一种蔑视主上的表现。

张居正的改革触动了官员、豪强的既得利益，在生前就不断有人向他发难；他去世后，家中被抄，其宫秩被削尽，生前所受玺书、四代诰命被追夺，以罪状示天下，甚至险遭开棺鞭尸。他的子嗣被流放边疆，后来神宗在舆论的压力下终止了进一步的迫害。新政的部分内容，尤其是限制官员特权、考成法等被推翻，刚刚有一点转机的明朝政治又走了下坡路。

张居正的改革事业规模宏远，有章法，有系统思维。在执政的前几年，张居正从整顿吏治入手，加强集权，伸张法纪，整顿官府，进行体制性的调整，使得改革得到强有力的组织保证；与此同时，整顿舆论乱象，提倡崇实学风，广泛凝聚改革共识。在后几年，他把重点放在经济领域，清丈田亩，推行一条鞭法，实现了减轻百姓负担、充盈国库的目的。张居正关注的不是数年之安，而是长远之利。因此，张居正各项新政措施次第施行、环环相扣、层层递进，产生了良好的效果。

张居正有勇于任事、实干担当的献身精神。封建时代"伴君如伴虎"的道理他不是不懂，但面对日益严峻的社会问题，张居正不满足于做一个八面玲珑的"甘草阁老"，而是"一切福国利民之事，挺然为之"，改革出于一片公心，不计得失毁誉，不计个人身家。张居正表示"虽机阱满前，众镞攒体，孤不畏也"，不畏前途艰险，坚持负重而行。在改革进入深水区后，张居正在整顿驿递、丈量田亩、施行一条鞭法的过程中，都触及特权阶层的利益，也遭到官僚、地主阶层的阻挠和反对，屡屡有人对其发难，有的人甚至从弹劾张居正专擅入手，试图离间张居正和神宗的关系，以阻断改革的进程。张居正不避仇怨，仍然心怀孤耿、肩承重任，有着为事业献身的精神，不计一时之毁誉、后世之是非。正是因为张居正刚毅坚卓、百折不挠，改革才能得以推进并取得成效，这也正如张居正本人所说："天下事岂有不从实干而能有济者哉！"与此同时，张居正还为下属官员担当作为创造条件，鼓励他们坚定信念、为国任事。潘季驯治河，戚继光整顿蓟镇方向上边务，殷正茂、凌云翼在南部边疆上的作为，均离不开张居正的奖励爱护、委曲周旋、大力支持。张居正生前曾向友人剖露心迹，自己当政时所作所为"暂时虽若不便于流俗，而他日去位之后，必有思我者"。果不其然，明神宗去世后不久，明熹宗为张居正平反。明末，明思宗想励精图治，而苦于无称职的辅弼大臣，走投无路之际，才会有"抚髀思江陵（张居正），而后知得庸相百，不若得救时之相一也"的感叹。可以说，张居正医时救弊、扶衰起废，不仅是古代少见的生前从未被对手打败的改革家，也是去世后不久就得到后人深切怀念的政治家。

　　张居正的改革无疑是继商鞅、秦始皇及隋唐之际革新之后直至近代前夜，影响最为深远、最为成功的改革之一。张居正改革的影响，不仅表现在他起衰振隳、力挽狂澜，奇迹般地在北疆化干戈为玉帛，在一定程度上缓解了国内的阶级矛盾和民族矛盾，延长了明王朝的国祚；还表现在一举扭转"神运鬼输，亦难为谋"的财政危机，促成万历初年之治，为万历年间资本主义萌芽的进一步发展打下了良好的基础；更体现在对近代前夜国家统一与社会转型起到的巨大推动作用。一条鞭法是介于"两税法"与摊丁入亩之间的赋役制度。在我国封建社会后期的赋役制度的演变中有着承前启后的作用。

张居正的改革虽然取得了一定成效，但并没能改变明朝财税制度深层次的弊病。一方面，开国之初广泛的小自耕农经济在中叶以后，便被不可遏止的地权集中浪潮所吞噬，土地集中导致了越来越多的流民，产生大量佃农，地主凭借土地垄断对佃农进行过度盘剥。另一方面，明初按地权分散状态设计的赋役制度日益失效，官府不断膨胀的财政需求和无法遏制的非法征敛成为民间社会不堪承受的重负，晚明的财税改革已经无力医治这一深入制度骨髓的恶疾，国家机器的败坏已无法挽回。

毫无疑问，张居正是伟大的政治家，但他的改革成果最终却全部被取缔了。其中的一部分原因是，这是他依靠个人力量推行的改革，并没有发展自己的改革团队，而且改革过程中触犯了他人的利益，他的权力也威胁到了神宗的地位，所以改革成果才会在他去世后就被迅速取缔。他个人的力量，对整个中国封建社会来说，实在是太渺小了。在中国封建社会已经走上末路的时代，历史留给张居正的活动舞台实在过于狭小了。

张居正的改革,虽然给明王朝带来了短暂的生机,却无法改变其衰亡的历史命运。改革最终失败的同时,也奏响了明朝政权的挽歌。